minutos com CHICO XAVIER

José Carlos De Lucca
MAIS DE 1 MILHÃO DE LIVROS VENDIDOS

minutos com
CHICO XAVIER

Obrigado por comprar uma cópia autorizada deste livro e por cumprir a lei de direitos autorais não reproduzindo ou escaneando este livro sem permissão.

Intelítera Editora
Rua Lucrécia Maciel, 39 - Vila Guarani
CEP 04314-130 - São Paulo - SP
(11) 2369-5377 - (11) 93235-5505
intelitera.com.br
facebook.com/intelitera
instagram.com/intelitera

Os papéis utilizados foram Chambril Avena 70g/m² para o miolo e o papel Cartão Eagle Plus High Bulk 250g/m² para a capa. O texto principal foi composto com a fonte Sabon LT Std 13/18 e os títulos com a fonte Californian FB 22/25.

Editores
Luiz Saegusa e Claudia Zaneti Saegusa

Direção Editorial
Claudia Zaneti Saegusa

Capa
Thamara Fraga

Projeto Gráfico e Diagramação
Gerson Reis e Pedro Japiassu Reis
Estúdio Japiassu Reis

Revisão
Rosemarie Giudilli

Finalização
Mauro Bufano

Impressão
Lis Gráfica e Editora

19ª Edição
2025

Esta obra foi editada anteriormente por outra editora, com o mesmo conteúdo e título.

Minutos com Chico Xavier
Copyright© Intelítera Editora

Dados Internacionais de Catalogação na Publicação (CIP)
(Câmara Brasileira do Livro, SP, Brasil)

De Lucca, José Carlos
  Minutos com Chico Xavier / José Carlos De Lucca.
-- 1. ed. -- São Paulo : Intelítera Editora, 2010.

  Bibliografia.

  1. Espiritismo 2. Mensagens 3. Xavier Francisco Cândido, 1910-2002 I. Título.

10-11884   CDD-133.93

Índices para catálogo sistemático:
1. Mensagens espíritas : Espiritismo   133.93

ISBN: 978-85-63808-04-2

José Carlos De Lucca
MAIS DE 1 MILHÃO DE LIVROS VENDIDOS

minutos com
CHICO
XAVIER

O autor cedeu os direitos autorais desta edição ao
GRUPO ESPÍRITA ESPERANÇA.
Rua Moisés Marx, 1.123, Vila Aricanduva, São Paulo, SP.
Tel. 11 9412-0609
www.grupoesperanca.com.br

Chico Xavier é cristão na fé e na prática. Famoso, fugiu da ribalta. Poderoso, nunca enriqueceu. Objeto de peregrinações a Uberaba, jamais posou de guru. Quem dera que nós católicos, em vez de nos inquietar com os mortos que escrevem pela mão de Chico, seguíssemos, com os vivos, seu exemplo de bondade e amor.

Frei Beto [*]

---

[*] Revista *Época*, edição de 08 de junho de 1998.

*Ofereço este livro aos companheiros do
Grupo Espírita Esperança, com as expressões da minha
gratidão, e com a expectativa de seguirmos unidos,
os passos de Chico Xavier.*

Sumário

Prefácio 17
A lição do relógio 21
Escolha a bênção 23
Perto de nós 25
Coragem 27
Respeito a quem pede 29
Feche a porta do mal 31
O balde d'água 33
Benefício e sacrifício 35
Orientação aos jovens 37
O valor das pequenas coisas 39
Saindo do lugar 41
Iluminação 43
A lição da formiga 45
Receita para melhorar 49
Nosso problema 53
Cultive a esperança 55
Converse com sua doença 57
Visita de Jesus 59
O tesouro 61

Lei da cooperação... 65
Fazer regime... 69
Chegou o momento da virada... 71
Ajude Deus a lhe ajudar... 73
Doenças imaginárias... 75
Nossa missão na Terra... 77
Dentro de casa... 79
Como está sua mala?... 81
Cura espiritual... 85
Cair e levantar... 87
A sua parte... 89
Viver como espírito eterno... 93
Autoestima... 97
Estou bem de saúde... 99
Confia em Deus... 103
Moço demais... 105
Sem lamentação... 107
Misericórdia Divina... 109
Sem desespero... 111
Maré baixa... 113
Recomece e viva... 117
Homem ou bicho... 119
Sorrir para as dificuldades... 121
Por onde começar?... 123
Esclarece amando... 127
Benefícios da oração... 129
Agora mesmo... 131
Degraus para a queda... 135
Hoje a festa é sua... 137
Antes, porém... 139

Nosso advogado	141
Autocura	145
Um conselho	149
Você é o jardineiro da sua vida	151
O que lhe sobra	153
Em busca da paz	155
Como enxergamos?	159
Missão dos pais	163
A palavra enferma	167
Use o extintor em caso de incêndio	171
Não infernize sua vida	173
A força do ideal	177
Perigos da rebeldia	179
Você conhece a sua felicidade?	181
Cura da obsessão	185
Abençoe sua vida	189
Você está casado com os seus sonhos?	191
Ajuda aos que partiram	193
Parentesco	195
O essencial	197
Vida boa	199
Supérfluo e necessário	201
Doenças da ideia	203
Imunização espiritual	205
Fácil e difícil	207
Cuidado com as brasas	209
Obra-prima	211
Cura da depressão	213
Nosso curriculum espiritual	217
Filhos-problema	221

Entrega a Deus e caminha 223
Doenças protetoras 227
Profilaxia contra a tristeza 229
O que seria de nós... 231
Hora de avançar 233
Felicidade conjugal 235
Confia no poder de Deus 237
Nossos excessos... 239
Nossas preces são ouvidas 241
Nosso passaporte 243
Não ao suicídio 245
Fonte da felicidade 247
Preserve-se 249
De braços dados com Chico Xavier 253

Prefácio

O primeiro livro espírita com o qual tive contato foi uma biografia de Chico Xavier que adquiri em banca de jornal por volta dos doze anos de idade. Foi também o primeiro livro que dei de presente a uma amiga de escola que perdera os pais em um acidente de trânsito. Imaginem a dor de uma adolescente ao constatar que, do dia para noite, ficara órfã de pai e mãe. Posso afirmar que a história do Chico, que também ficou órfão aos cinco anos de idade, foi de inestimável ajuda para minha colega.

Hoje, passados mais de trinta e cinco anos, entrego ao público leitor este livro, com o mesmo propósito que ofertei à minha amiga aquela biografia de Chico.

Não se trata, porém, de um livro biográfico. Apenas o desejo de mostrar ao público um pouco da imensa riqueza espiritual do Chico homem e do Chico médium.

Os capítulos se alternam, ora com um pensamento

do próprio Chico, ora com uma mensagem que ele recebeu do mundo espiritual. Chico era tão sábio como os grandes Instrutores Espirituais que o assistiram.

Peço ao leitor amigo, uma licença para falar algo diretamente ao Chico: Obrigado por você ter cruzado o meu caminho, obrigado por suas imorredouras lições e testemunhos. Obrigado por você, apesar de todas as dores, não ter desistido de sua tarefa. Você me ensinou que viver o Evangelho não é uma utopia. É o único caminho que nos leva à verdadeira felicidade.

Que estes minutos com Chico Xavier enriqueçam sua vida de paz e luz, tanto quanto tenho sido beneficiado por este amigo com quem nunca convivi, mas que sempre esteve presente nos momentos decisivos de minha vida.

José Carlos De Lucca, agosto de 2009.

A LIÇÃO DO RELÓGIO

*Deus nos deu, no relógio, uma grande lição,
porque os ponteiros assinalando o tempo,
não caminham nunca para trás...*

Chico Xavier [1]

Ao despertarmos a cada manhã, recebemos um presente de Deus: o presente de um novo dia. Que significado tem isso para nós? Um novo dia quer dizer uma nova oportunidade, um novo recomeço. Chico Xavier nos ensina a aprender com os ponteiros do relógio que sempre caminham avante. Assim também deve ser a nossa vida.

Não podemos estacionar nas dificuldades, nas mágoas, na rebeldia, pois do contrário o relógio de

---

[1] BACCELLI, Carlos. *Chico Xavier, Mediunidade e Paz.* DIDIER.

nossa vida também deixa de andar e passaremos a viver em um mar de total estagnação. E a estagnação muitas vezes produz miséria, doença e ignorância.

Quando acordamos pela manhã, os ponteiros do relógio já avançaram em relação ao dia passado, convidando-nos também a avançarmos rumo ao crescimento que nos cabe em todos os setores de nossa existência. Um novo dia é o ensejo de retomar sonhos, reiniciar projetos, restaurar amizades e afetos, experimentar novos caminhos. É Deus, cheio de esperança em nós, dizendo-nos para irmos adiante apesar do passado de sombras e amarguras, desencantos e aflições.

Aproveitemos esse recomeço para também nos renovarmos virando as páginas tristes do calendário de nossa vida. Não traga o ontem para o hoje. Entreguemos nosso coração ferido para os dias que já se foram. Para dar as boas vindas ao novo dia é preciso se despedir do dia velho. Pense e esteja decidido a deixar no chão do tempo tudo aquilo que não pode ser mais mudado.

Hoje Deus lhe deu o presente mais valioso que você já recebeu em sua existência. Ele lhe deu o tesouro do tempo para que você o aproveite e escreva, com atitudes positivas, a sua história de felicidade. O minuto de quem chega à vitória é o mesmo minuto de quem experimenta o fracasso.

Vamos dar corda no relógio de nossa vida?

Escolha a bênção

Lembre-se de que o mal não merece comentário em tempo algum.

André Luiz [2]

Ninguém aprecia se alimentar de comida estragada, tanto quanto ninguém toma banho com água suja.

Da mesma forma que o corpo, o espírito também precisa de combustível. Uma das formas de alimentar a alma é pelo teor de nossas palavras e conversações. Boas palavras se convertem em bons alimentos espirituais. Palavras depreciativas, que exaltam o lado negativo das pessoas e das situações são venenos que ingerimos em prejuízo de nossa saúde e paz.

---

[2] XAVIER, Francisco Cândido. *Agenda Cristã*. FEB.

Muitas pessoas estão intoxicadas espiritualmente porque se nutriram de diálogos maldosos, dramáticos e pessimistas. E toda desarmonia espiritual descerá fatalmente para os níveis da matéria. Chico Xavier captou do mundo astral a orientação do médico André Luiz, que, uma vez seguida, por-nos-á a salvo de muitos embaraços físicos e espirituais. Muitas viroses que hoje desafiam a medicina começam no mal que nossa boca não soube calar.

Quem abençoa acende uma luz em seu caminho.

Quem condena se coloca no banco dos réus.

Quem comenta o mal fica inevitavelmente com ele.

Esqueça o mal para que o mal se esqueça de você.

Perto de nós

Não devemos pensar em Jesus nas alturas, distante de nós. Ele está perto, bem perto de nós; Ele e sua mãe continuam ajudando a toda a humanidade.

Chico Xavier [3]

Chico Xavier, um dos mais fiéis discípulos de Jesus, fala daquilo que seu coração está cheio. Jesus não está distante de nós, não está nas alturas, ignorando o que se passa conosco. Chico diz que Jesus está perto, bem perto de nós. Essa ideia conforta-nos o coração e será capaz de nos levantar de toda a tristeza, porque você tem um amigo que é a pessoa mais importante do mundo: Jesus de Nazaré.

---

[3] COELHO, Maria Gertrudes. *Chico Xavier, Coração do Brasil*. Lírio Editora Espírita.

No seu Evangelho, Jesus esclarece qual o tipo de relação que deseja ter conosco: é a relação de amizade. O verdadeiro amigo nunca é ausente, distante, por isso Jesus afirmou que não nos deixaria órfãos.

O amigo Jesus está próximo de você. Deseja aprofundar essa amizade, deseja sinceramente ajudá-lo em suas dificuldades, porque não deseja vê-lo triste, enfermo, infeliz. O Mestre não o trairá, não o esquecerá, mas Ele diz que essa amizade se completa quando nós fizermos o que Ele nos pede.

Em meio aos nossos conflitos e amarguras, em meio a tantas preces clamando por socorro, será que já perguntamos a Jesus para saber o que Ele nos pede para fazer? Será que nos lembramos de Jesus apenas para nos livrar de algum perigo, e depois o esquecemos até a próxima necessidade?

A verdadeira amizade exige reciprocidade. Jesus é o amigo de todas as horas. E nós, somos amigos dele também em todos os momentos?

Coragem

Coragem não é revidar, nem cair na exibição de poder. A coragem verdadeira ergue-se da compreensão e da bênção, quando o desequilíbrio tente assaltar-te.

Meimei [4]

Jesus pronunciou palavras de ânimo e vigor quando os discípulos estavam atemorizados por uma forte tempestade em alto mar: *Coragem! Sou eu! Não tenham medo!* [5] É provável que você também esteja com medo pelas ondas fortes que batem no barco de sua vida. Você pensa que o barco vai afundar.

Não irá. Jesus chegou. Como esclarece a Benfeitora Espiritual Meimei, a coragem nasce da compreensão

---

[4] XAVIER, Francisco Cândido. *Amizade*. IDEAL.
[5] Mateus, 14:27. *Bíblia Sagrada, Nova Tradução na Linguagem de Hoje*. PAULINAS.

e da bênção. Então, adquirimos coragem porque compreendemos que Jesus, tal como socorreu seus discípulos ontem, acalmando a tempestade, também hoje sossegará o mar agitado de nossa vida. Jesus é bênção presente em nossa estrada, não é um personagem histórico, não está morto, nem indiferente aos momentos em que seus amigos estão em perigo.

Jesus é o nosso amigo, creiamos nisso. Ele sabe quem você é e do que está sofrendo. Por isso, acaba de chegar e lhe pede fé e destemor. Faça isso com a certeza de que Jesus lhe infunde forças de coragem e com elas você andará sobre as águas das dificuldades sem afundar.

RESPEITO A QUEM PEDE

Sempre quando saio de casa, procuro levar em meus bolsos alguns trocados. Na rua, quando um irmão nos pede alguns miúdos, vejo os Espíritos que os acompanham. Os bons ficam felizes quando os tratamos bem e, tristes, quando somos ásperos. Contudo, os mais inferiores se revoltam com a nossa negativa descaridosa e emitem vibrações de ódio que podem nos fazer mal.

Chico Xavier [6]

Enquanto a maioria de nós procura se desviar dos pedintes nas ruas, Chico Xavier se preparava para encontrá-los prevenindo-se com alguns trocados no bolso. Fazia isso porque sabia que a chave da solução de nossos problemas está no exercício constante

---

[6] SOUZA, Cesar Carneiro de. *Valiosos Ensinamentos com Chico Xavier.* IDE.

do amor, sobretudo do amor em relação às pessoas que nos representam um desafio à convivência.

Cada pessoa que cruza nosso caminho, seja na família, no trabalho, na via pública, representa uma chave de apoio em nossas dificuldades ou de agravamento de nossos padecimentos.

O amado Chico fala da vibração de ódio que pode nos atingir todas as vezes em que, embora podendo, negamos ajuda e simpatia ao próximo. Esse ódio pode ser o estopim de doenças, obsessões e outras complicações em nossa jornada. Já a vibração de gratidão que nos é, sistematicamente, endereçada pode representar a cura de muitas enfermidades e influenciações espirituais negativas.

Ninguém é totalmente pobre que não tenha, ao menos, um sorriso para dar, ao menos uma palavra de bênção em favor daquele que passa por rudes provações. O que fazemos ao próximo, com sinceridade de propósitos, fazemos a nós mesmos. Todas as vezes em que levantamos um caído nos levantamos também com ele.

Feche a Porta do Mal

Diante de quaisquer transes da vida, tudo venceremos se nos dispusermos a esquecer o mal, crer no bem e servir com amor.

Bezerra de Menezes [7]

O mal não vem de Deus. Por isso, Deus não pune nem castiga. Deus nos ama. O mal vem do homem que não respeita as Leis Divinas. O mal que entrou em nossa vida encontrou a porta aberta de nosso descompromisso com o Evangelho.

Muitas vezes somos mais obedientes às leis de trânsito do que às Leis de Deus.

Quando compramos um eletrodoméstico devemos seguir as instruções do fabricante para o bom uso do aparelho. Da mesma forma, precisamos seguir as

---

[7] XAVIER, Francisco Cândido. *Paz e Renovação*. IDE.

instruções do nosso Criador para alcançarmos a felicidade que tanto almejamos.

Bezerra de Menezes traça um excelente roteiro para a libertação dos problemas que criamos para nós próprios.

Esquecer o mal significa fazer uma faxina nas lembranças amargas de toda a negatividade que permitimos entrar em nossa vida. Varrer mágoas, culpas, melindres e traumas para bem longe de nosso caminho. Além de esquecer o mal precisamos crer no bem. Crer na sua vitória, crer na cura, na saúde, na prosperidade, na harmonia familiar, acreditar na felicidade. E toda essa crença positiva se conquista quando nos dispomos a servir com amor. Ser um servidor no lar, no trabalho, na comunidade.

Quando servimos amorosamente, nossos gestos ficam impregnados de uma energia tal que não há portas que não se abram para o nosso progresso material e espiritual.

Sigamos a orientação espiritual e mudemos logo de posição na vida. Deixemos a posição de agentes da sombra, da negatividade, da maldade. Vamos nos comprometer com o bem e veremos que o bem fará muito bem a nós próprios.

O BALDE D'ÁGUA

Alguém me perguntou: 'Chico, a assistência é serviço do governo. Por que você dá assistência'? Respondi: 'Dou assistência, como a pessoa que vê a casa do vizinho incendiada e, até que o corpo de bombeiros apareça, a casa já se foi. Então, pelo menos um balde d'água eu tenho que carregar, não é?'

Chico Xavier [8]

Ao olharmos para a sociedade verificamos que, na comparação feita por Chico, muitas casas são alvo de incêndio'.

A penúria material atinge ainda grande parcela da população, sobretudo aquela que vive nas periferias e afastada dos grandes centros urbanos. A tarefa prioritária de amparo é mesmo do governo. Mas Chico nos

---
[8] BACCELLI, Carlos. *Chico e Emmanuel*. DIDIER.

ensina que, enquanto o "bombeiro" não chegar, não poderemos olhar passivamente para o fogo, sem ao menos levar a nossa singela contribuição para que as chamas não devorem a moradia.

O querido médium fala a respeito do balde d'água. Não é muito para apagar um incêndio. Mas ajuda. Minimiza.

Nós, geralmente, temos grandes ideias para acabar com a miséria social, mas em regra o nosso balde está vazio de atitudes. E o incêndio crescendo. Então, que tal enchermos o nosso balde com algo que alivie a dor alheia. O prato de comida, o agasalho e o remédio cabem perfeitamente no balde.

Façamos isso logo, antes que o incêndio chegue à nossa própria casa.

BENEFÍCIO E SACRIFÍCIO

Nos teus dias de luta, portanto, fazes os votos e promessas que forem de teu agrado e proveito, mas não te esqueças da ação e da renovação aproveitáveis na obra divina do mundo e sumamente agradáveis aos olhos do Senhor.

Emmanuel [9]

Buscamos os templos de nossa fé religiosa na esperança de obtermos inúmeros benefícios. Almejamos a cura do corpo, a prosperidade material, a harmonia no lar, a proteção aos familiares. Você mesmo talvez esteja buscando neste livro algum benefício para sua vida. Isso tudo é normal, não há nada de errado nesse propósito. Mas, para todo benefício que se busca há sempre um sacrifício solicitado por Deus.

---

[9] XAVIER, Francisco Cândido. *Vinha de Luz.* FEB.

Todos querem a graça divina, mas poucos estão dispostos ao sacrifício da verdadeira causa da desgraça em suas vidas.

Por certo, não estamos falando da necessidade do sacrifício de pessoas ou animais ou mesmo da oferenda de presentes aos deuses, no altar de nossa fé.

A lição espiritual nos convida ao sacrifício da maledicência, dos hábitos infelizes, da paixão desvairada, do comodismo, da reclamação, do egoísmo destruidor, do pessimismo, do desamor por nós mesmos.

Quais sacrifícios nós estamos precisando fazer? Pensemos nisso antes de fazermos algum pedido a Deus.

ORIENTAÇÃO AOS JOVENS

Precisamos dialogar com os nossos companheiros de juventude, para que se sintam responsáveis por eles mesmos, façam as suas próprias escolhas, tornando-se criaturas úteis ao campo que vieram para servir, que é o campo da humanidade, dentro do qual eles nasceram ou renasceram.

Chico Xavier [10]

Temos aqui preciosa orientação aos educadores. Em primeiro lugar, Chico destaca a necessidade do diálogo com os jovens. Não apenas se dirigir a eles para repreendê-los, mas, sobretudo, para preveni-los, orientá-los. E isso os pais não farão com mimos, mas com conversa franca e permanente, o que implica doação de tempo e presença na vida da prole.

---
[10] *Chico Xavier, a terra e o semeador*, IDE.

Estar presente na vida do filho é o melhor presente que ele deseja e precisa.

    Chico complementa dizendo que esse diálogo deve levar os jovens a se sentirem responsáveis por si mesmos, a aprenderem a lição mais importante da vida que é a possibilidade de cada um escolher seu próprio caminho, e de experimentar, obrigatoriamente, as consequências boas ou ruins dessa escolha. Isso é a educação para o crescimento. A maior meta a que os pais devem aspirar é que seus filhos se tornem, totalmente, independentes e responsáveis por suas próprias vidas.

    Há pais, no entanto, que a pretexto de não desejarem que o filho sofra, cerceiam-lhe as possibilidades de crescimento, as experiências de amadurecimento, prendendo-o em uma redoma, aparentemente, protetora, que apenas o tornará frágil, inseguro e sem uma boa autoestima.

    Com o passar do tempo, os adultos devem ser a cada dia menos pais, e os filhos a cada dia mais adultos.

    Intensifiquemos o diálogo com nossos jovens, fazendo-os ver que eles mesmos são os construtores do próprio destino, os arquitetos de tudo quanto de bom ou de ruim lhes acontecerá, por meio do exercício do maior poder que Deus deu ao homem, que é o poder de escolher o seu próprio caminho.

O VALOR DAS PEQUENAS COISAS

Sempre que te decidas a concretizar idéias e planos, na exaltação do bem, recorda que Jesus, o Governador da Terra, começou o apostolado da redenção humana no obscuro recanto da estrebaria.

Bezerra de Menezes [11]

Procure fazer as pequenas coisas de maneira extraordinária. Muitas vezes esperamos que coisas grandes aconteçam em nossa vida para nos comportarmos grandiosamente. Esperamos um trabalho considerado importante para mostrarmos todos os nossos talentos. Aguardamos encontrar a pessoa ideal dos nossos sonhos para demonstrar todo o nosso amor.

---

[11] MATOS, Marival Veloso. *Chico no Monte Carmelo*. UEM.

Mas, enquanto todas essas grandezas não se realizam, somos medíocres no trabalho que Deus nos deu, vivemos infelizes com as coisas que já conquistamos e não mostramos todo nosso amor pelas pessoas que se afeiçoaram a nós.

Infelizmente, não somos pessoas extraordinárias diante dos chamados acontecimentos de menor importância. Talvez isso explique o motivo pelo qual as grandes coisas se acham distantes de nós. Quem não é grande nas pequenas coisas, sempre permanecerá pequeno diante das grandes coisas.

Bezerra de Menezes nos convida a pensar na estrebaria onde Jesus nasceu. Foi a partir dela que o Mestre mudou a História da Humanidade. Foi a partir dela que Jesus se apresentou aos homens como o caminho, a verdade e a vida. Aceite a sua estrebaria e faça dela o trampolim de acesso às grandes coisas que Deus reservou a você.

SAINDO DO LUGAR

Agradeço a todas as dificuldades que enfrentei, não fosse por elas, eu não teria saído do lugar.

Chico Xavier [12]

Ninguém aprecia a prova que nos tira a tranquilidade. Mas, haveremos de convir que, sem ela, raramente avançaríamos nos degraus da evolução. A prova é o meio de que Deus se utiliza para que o homem reconheça que é capaz de muito mais do que tem feito.
    É a doença que muitas vezes nos ensina a preservar a saúde. É o desemprego que nos empurra para a busca de uma qualificação profissional mais adequada. É a solidão que nos faz valorizar as amizades que outrora

---

[12] BACCELLI, Carlos. *O Evangelho de Chico Xavier.* DIDIER.

não soubemos preservar. É o vazio existencial que nos faz buscar um sentido para nossa vida.

Os que vivem cercados de facilidades quase sempre estacionam seu desenvolvimento nas avenidas da inércia e do comodismo e, geralmente, nada produzem de útil para si e para a comunidade onde vivem. Como não possuem desafios existenciais, porque tudo lhes cai de graça nas mãos, não encontram alguma motivação na vida e, por isso se tornam presas fáceis das drogas, porque encontram nelas certo prazer que obteriam naturalmente se acaso tivessem objetivos por lutar, em busca da melhoria de sua vida, e da realização interior. Não será por isso que temos visto tantos jovens de classes abastadas envolvidos com a droga?

É interessante notar também que os Espíritos Superiores, quando vão reencarnar, sempre programam uma quota de dificuldades na futura experiência carnal, porque dizem que as dificuldades são como cercas de Deus para que errem menos do que se tivessem todas as facilidades do mundo.

Sem pregar o masoquismo e a acomodação, procuremos aceitar os desafios que nos chegam como convites que Deus nos formula para sairmos do lugar comum em que nos demoramos, em prejuízo de nosso crescimento espiritual, e avançarmos, resolutos, rumo ao progresso e à felicidade. Assim venceremos.

ILUMINAÇÃO

O raciocínio mais apurado pode perder-se no caminho, quando lhe falta a iluminação evangélica.

Emmanuel [13]

O mero conhecimento da vida espiritual não nos coloca, por si só, no rol das pessoas iluminadas. Não podemos confundir conhecimento com experiência. No mais das vezes, conhecemos mais as escrituras pelo intelecto do que pelo coração. O estudo dos textos sagrados é muito importante, mas a vivência é fundamental.

Chico Xavier era admirado muito mais por sua vivência cristã do que pelos grandes dotes mediúnicos que possuía. As pessoas o procuravam não apenas para receberem mensagens do além. Elas desejavam respirar

---
[13] XAVIER, Francisco Cândido. *Dicionário da Alma*. FEB.

o perfume de amor que Chico emanava com seu olhar de compaixão a todos à sua volta. Ele exercia a melhor das mediunidades: a materialização do amor. Era assim que Chico se iluminava. Amando.

Essa mediunidade está à espera de todos nós. Podemos ser médiuns de Deus materializando o amor, por meio dos mais variados gestos de fraternidade em relação aos que mais sofrem. Deus ajuda as criaturas por meio das próprias criaturas. Ele está querendo ajudar alguém, neste instante, e por certo você pode ser o canal com quem Deus pode contar.

Quando aceitamos ser intermediários do amor de Deus, o socorro divino, antes de chegar ao nosso irmão, passa primeiramente por nós clareando nossa vida. Por isso se diz acertadamente: aquele que acende uma luz é o primeiro a iluminar-se.

Nossa meta também é a autoiluminação. O espírito tem ânsia de luz. Não basta, apenas, admirarmos os que já encontraram o caminho da luz. Façamos também luz em nós e isso pode começar agora mesmo.

Tudo é uma questão de escolha diante das várias opções que temos em nossa vida, a todo instante. Todas as vezes em que escolhermos o amor em lugar do ódio, a paz em lugar da discórdia, a caridade em lugar da indiferença, estaremos escolhendo a luz em lugar das trevas.

Ponha a mão no interruptor do bem, neste exato momento, e faça com que a luz espante a escuridão.

A LIÇÃO DA FORMIGA

*Ah... mas quem sou eu senão uma formiga,
das menores, que anda pela Terra cumprindo
a sua obrigação.*

Chico Xavier [14]

Muitos de nossos problemas resultam da excessiva importância que damos a nós mesmos. Em regra, pretendemos ser mais do que somos, e exigimos que os outros nos reverenciem tal como reis ou rainhas. E como isso, raramente, acontece nos vemos geralmente irritados, magoados, melindrados, zangados, devido aos outros não corresponderem às nossas elevadas expectativas de sermos tratados e vistos como estrelas de primeira grandeza.

---

[14] SEVERINO, Paulo Rossi. *Aprendendo com Chico Xavier.* FE Editora.

E Chico, dentro de toda a sua grandeza espiritual e imensa sabedoria, comparava-se às formigas, das menores que andavam pela Terra.

Incrível como os seres realmente espiritualizados estão longe dos pedestais, são verdadeiros astros, porém não deixam que a luz ofusque a visão daqueles que lhes seguem os passos.

Quem se reduz à condição de formiga, não se melindra quando é contrariado, não se magoa quando é injuriado, não se sente diminuído quando o outro é exaltado.

Valendo-me da comparação de Chico, é possível pensar que Jesus, o Espírito de maior elevação que o planeta Terra conhece, também se reduziu à condição de formiga de Deus, quando esteve entre nós.

O Governador Planetário, tal como o chamam os Espíritos de Luz, nasceu em uma estrebaria cercado do calor dos animais. Trabalhou na humilde carpintaria de seu pai, não era rico, viveu boa parte de sua vida em uma cidade de pouca expressão política e econômica, não escreveu nenhum livro, não vivia em palácios nem nas sinagogas, preferindo o contato com o povo junto aos montes e lagos. Ensinou aos seus discípulos, lavando-lhes os pés, que o maior de todos seria aquele que mais servisse. Foi perseguido, traído e abandonado pela maioria de seus discípulos no momento da crucificação. Mas, foi esta formiga chamada Jesus de Nazaré que dividiu a História da Humanidade em antes e depois dele.

Aprendamos com Chico Xavier a nos tornarmos também formiguinhas de Deus.

Sofre muito mais quem deseja ser cobra ou lagarto...

Receita para melhorar

*Dez gramas de juízo na cabeça.
Serenidade na mente. Equilíbrio nos raciocínios.
Pureza nos olhos. Vigilância nos ouvidos.
Interruptor na língua. Amor no coração.
Serviço útil e incessante nos braços.
Simplicidade no estômago. Boa direção nos pés.
Uso diário em temperatura de boa vontade.*

José Grosso [15]

Todos nós ansiamos por melhoras em nossa vida. Seja no campo profissional, nas relações familiares, na saúde ou nas finanças, almejamos algum tipo de melhoria diante dos obstáculos a que nos defrontamos. Amiúde, porém, acreditamos que essa

---

[15] BACCELLI, Carlos. *Chico Xavier, Mediunidade e Paz*. DIDIER.

melhoria será obra dos outros. Esperamos que Deus resolva os nossos problemas, que os outros assumam nossas responsabilidades, enquanto isso, ficamos no mar da inércia esperando que nossa vida se modifique.

A mensagem espiritual, todavia, não deixa margem a dúvidas a respeito de a quem compete a responsabilidade pela melhoria de nossa vida.

O Benfeitor Espiritual não diz para esperarmos que os outros façam por nós a lição que nos cabe. A orientação é dirigida a nós por meio de onze atitudes práticas que, uma vez tomadas, irão trazer muitos benefícios em nossa jornada.

É claro que jamais poderemos dispensar o amparo espiritual. Mas, acontece que Deus nada poderá fazer por nós se estivermos de braços cruzados ou mesmo de braços abertos aos desequilíbrios. A regra é que Deus ajuda a quem se ajuda.

Deus nos empurra adiante quando decidimos a andar.

Deus abre as portas quando tocamos a campainha.

Deus promove a saúde quando adotamos posturas saudáveis.

Deus traz o amor quando amamos.

Deus traz o emprego quando nossos braços estão dispostos a qualquer trabalho.

Examinemos, cuidadosamente, essa receita que Chico Xavier recebeu do mundo espiritual e a apliquemos em nós ainda hoje, pois somente assim Deus poderá nos ajudar.

Deus faz os milagres, mas somos nós quem os provocamos.

Nosso problema

O problema do homem é o seu excessivo apego ao que é transitório; sem dúvida, ele deveria olhar mais para dentro de si mesmo do que no espelho... Falta-lhe desenvolver o senso de eternidade.

Chico Xavier [16]

Chico põe o dedo na ferida da grande maioria de nossas dores: o excessivo apego ao que é passageiro, isto é, àquilo que não poderemos incorporar ao nosso ser espiritual.

Nossos bens materiais, por exemplo, não nos acompanharão na viagem de regresso ao mundo espiritual, tampouco garantia alguma teremos de sempre possuirmos esse ou aquele patrimônio.

---

[16] BACCELLI, Carlos. *O Espírito de Chico Xavier*. LEEP.

E quantas vezes lutamos a vida toda somente para obter aquilo que, compulsoriamente, teremos que abandonar pela desencarnação ou o que o próprio destino se encarregará de tirar de nossas mãos. Aí vem o sofrimento; a dor de perder algo que imaginávamos jamais pudesse nos escapar. Poderemos possuir qualquer coisa, o perigo é ficar possuído por ela.

Mas, não nos apegamos somente a bens materiais. Também nos apegamos a pessoas imaginando que elas nos pertencem, e que sempre estarão ao nosso lado. Aí vem a desencarnação ou mesmo a separação e ficamos sem chão ao constatar que ninguém nos pertence, e que as pessoas são apenas companheiras de uma grande viajem, e que esta viagem um dia chega ao fim.

Chico Xavier nos aconselha a olhar mais para dentro de nós próprios e pensarmos mais em termos de eternidade.

Ele se refere à necessidade que temos de cultivar valores eternos, valores que a morte não apaga, que o tempo não destrói, que os revezes econômicos não aniquilam. Valores que nos acompanharão onde quer que estejamos e como estejamos. Valores que nos tornem ricos espirituais pelos investimentos de amor, compreensão, alegria e paz que conseguimos realizar em nossa jornada.

O problema não é ser rico por fora, o problema é ser miserável por dentro.

CULTIVE A ESPERANÇA

Cada criatura escolhe o pano de fundo de sua vida. Alguns preferem o das saudades lamentosas, outros, porém, mais avisados no terreno da fé, escolhem o pano luminoso da esperança.

Neio Lucio [17]

Não se dê por vencido, o jogo ainda não acabou apesar do placar desfavorável.

Esperança é para os tempos de crise, é a força que nos leva até o fim do jogo com a certeza da vitória.

Tem esperança aquele que sabe esperar confiantemente, aquele que sabe que as adversidades de hoje se constituem no esterco que prepara a terra para a farta colheita de amanhã.

---

[17] XAVIER, Francisco Cândido. "Pérolas de Sabedoria" in *Vinha de Luz*.

A esperança deve se tornar um modo de viver, o pano de fundo no qual se desenha a história de sua vida, conforme orientação espiritual colhida por Chico Xavier.

Nós escolhemos o fundo musical que se executa enquanto atuamos no palco da vida. Notas tristes e pessimistas repercutirão negativamente em nossa performance. Acordes de esperança e otimismo favorecerão um desempenho positivo. Eis a chave de nosso progresso ou de nosso fracasso: o pano de fundo que escolhemos para nossa vida.

Cultivar a esperança é adquirir a certeza de que a tempestade passa, que dentro de mim ainda há um reservatório enorme de forças que me levarão à superação das dores que hoje me sacodem, mas não me destroem. Ter esperança é confiar em Deus quando tudo me parece perdido e nada mais resta a fazer.

Deus adora aparecer nesses momentos. É só você confiar na esperança e continuar trabalhando para que a hora da dificuldade passe mais depressa.

CONVERSE COM SUA DOENÇA

Aqui vamos bem com a rinite fiel. Achei melhor tratá-la por amiga e, com isso, tenho a impressão de que ela e eu nos harmonizamos de maneira melhor.

Chico Xavier [18]

Que bela lição espiritual. Aprendamos a nos pacificar com nossas enfermidades.

Chico tratava suas doenças como "amigas", querendo com isso nos ensinar que não vale à pena se revoltar contra as dores que assaltam nosso corpo. A revolta, a impaciência e o azedume somente agravam nossas condições de saúde.

Espírito e matéria se influenciam mutuamente. Mas, prepondera a influência do espírito sobre a matéria.

---

[18] BACCELLI, Márcia Queiroz Silva. *Cartas de Chico Xavier*. LEEP.

As células e órgãos do corpo físico são, extremamente, sensíveis às influências de nosso estado mental.

Os médicos espirituais alertam-nos para os perigos dos abscessos mentais que se originam dos contínuos estados de tensão e beligerância, provocando verdadeiros curtos-circuitos em nosso sistema orgânico. Em uma comparação singela, poderíamos dizer que o espírito é o general e as células são os soldados de nossa organização física. Se o general se abate, todo o exército lhe sofrerá a influência. Se o general se revolta, o corpo entra em convulsão.

Conversar com a doença foi a sábia maneira que Chico Xavier encontrou para dialogar com as células enfermas, acalmando-as, asserenando-as, evitando assim qualquer tensão ou irritação interior capazes de agravar as próprias dores.

Se, hoje muitos médicos já admitem que o corpo fala por meio de nossas doenças, Chico Xavier nos ensinou que esse mesmo corpo que fala também é capaz de escutar nossos apelos de paz e saúde.

VISITA DE JESUS

Muitas vezes visitou Jesus as casas residenciais de pecadores confessos, acendendo novas luzes nos corações.

Instrutor Alexandre [19]

Dentre as coisas que Jesus mais gostava de fazer, era visitar os lares daqueles que simpatizavam com sua mensagem de amor e paz.

Jesus não tinha preferência pela residência de ricos ou pobres. Sua predileção era pelo lar daqueles que estavam com o coração ferido independentemente da condição social, religiosa ou política.

E foi assim que Ele visitou o lar de muitos equivocados, os chamados pecadores, não para lhes admoestar, não para amedrontá-los com o fogo do inferno, mas sim para acender novas luzes de esperança.

---

[19] XAVIER, Francisco Cândido. *Missionários da Luz*. FEB.

Jesus afirma que os doentes é que precisam de médico. Onde houver um coração sangrando, Jesus deseja curar as chagas doridas com seu inesgotável amor.

O que o Mestre fez há mais de dois mil anos continua desejando fazer até hoje e para todo o sempre.

Jesus é o mesmo ontem, hoje e sempre. Estou certo de que Ele anseia por visitar o seu lar, ainda hoje. Não se ache indigno dessa visita. Não se esqueça de que Ele o ama, e quem ama não vive apontando os defeitos do ser amado. Ele, silenciosamente, trará o remédio para curar as feridas de seu coração.

Reúna a família para hospedar Jesus nesta noite. Não feche a porta. A televisão pode ficar para depois, os compromissos sociais podem se estabelecer mais tarde. Mas o encontro com Jesus é inadiável. Abra o Evangelho, leia, medite e ore. O Mestre estará presente, acendendo novas luzes em todos os corações, e amanhã será novo dia em seu caminho.

Comungando com o pensamento da Benfeitora Scheilla, não podemos esquecer de que *O Evangelho foi iniciado na Manjedoura e demorou-se na casa humilde e operosa de Nazaré, antes de espraiar-se pelo mundo.* [20]

Por tal razão Jesus tem especial interesse em estar em nosso lar. É a partir dele que começa a nossa missão no mundo.

---

[20] XAVIER, Francisco Cândido. *Luz no Lar.* FEB.

O TESOURO

O esquecimento na reencarnação pode ser interpretado como sendo o processo de anestesia que Deus nos concedeu, através da ciência médica, para sermos cirurgiados, com o mínimo de dor, na erradicação dos nossos defeitos e débitos de vidas passadas.

Chico Xavier [21]

Essa reflexão é de suma importância. Chico nos faz pensar que a reencarnação equivale a um processo cirúrgico, por meio do qual objetivamos extirpar de nós próprios os nódulos que estejam dificultando a nossa felicidade.

As imperfeições morais são o grande obstáculo

---

[21] SILVEIRA, Adelino. *Kardec prossegue*. CEU.

que nos impede de fruir maior cota de alegria e paz em nossa existência. Quanto mais nos aperfeiçoamos moralmente, mais felizes nós nos tornamos.

Em certa medida, o planeta Terra poderia ser comparado a um vasto hospital de enfermidades espirituais. Raros, porém, são aqueles que se colocam na condição de enfermos e aceitam o tratamento que a vida lhes oferece pelas provas e expiações, que nada mais são do que precisos bisturis cortando o orgulho, o egoísmo e a arrogância, causas de todas as nossas aflições.

Reencarnar é recomeçar. É receber de Deus uma nova chance de reconstituir as cenas de existências passadas nas quais, como roteiristas do filme de nossa vida, não soubemos escrever uma bela história.

Deus nos oportuniza outra vez papel e lápis para escrevermos um novo roteiro. E faz isso anestesiando, parcialmente, nossa consciência a fim de que não nos lembremos quão egoístas fomos, de quanto mal causamos e de quanto mal nos causaram. Sem esse anestésico, dificilmente suportaríamos o peso dessas tristes lembranças, dificilmente suportaríamos conviver com aqueles que outrora nos solaparam as mais caras aspirações.

Ao nos aplicar esse anestésico, Deus está nos dizendo que não importa tanto o que nós fomos em outras vivências, importa, agora, o que podemos ser nesta atual experiência. Não importa se no passado fomos reis, rainhas ou plebeus. Importa, hoje, o que faremos de bom com as posições sociais em que renascemos.

Por isso, não nos preocupemos tanto com os possíveis personagens que vivenciamos em outras vidas. Se isso fosse mesmo importante, Deus nos faria lembrar. Não se pergunte o que você foi. Pergunte o que você tem sido. Coloquemos nossa atenção apenas nas tendências que trazemos do passado, e isso será para nós o mapa do tesouro que nos levará a uma vida de muitas bênçãos.

Lei da Cooperação

*Os que não cooperam não recebem cooperação.
Isso é da lei eterna.*

Ministro Clarêncio [22]

Não somos seres onipotentes. Somente Deus o é. Em quase tudo dependemos da cooperação de alguém. Você não teria chegado aonde chegou não fosse a cooperação de muitas pessoas, a começar de seus pais. Quantos professores se esmeraram em transmitir conhecimentos que hoje lhe são indispensáveis à sobrevivência. Quantos amigos lhe prestaram favores, quanta ajuda recebida por meio de conselhos preciosos. Quantas pessoas que, sem nada receberem por isso, acreditaram em seus potenciais e lhe deram

---

[22] XAVIER, Francisco Cândido. *Nosso Lar.* FEB.

oportunidades de crescimento. A conclusão é a de que somos devedores do apoio de muitas almas.

A cooperação é uma lei divina, conforme esclarece a mensagem captada por Chico Xavier. E leis divinas não se revogam, nem se descumprem por caprichos humanos. A lei de cooperação é lei de merecimento, isso quer dizer, cada um de nós somente recebe aquilo que dá. Somos um elo de uma grande corrente de ajuda mútua. Para que o bem me encontre na vida, eu não posso quebrar a corrente.

O mundo está sofrendo porque muitos estão quebrando essa corrente. Eles também sofrerão quando precisarem de ajuda porque, na hora deles, a corrente estará quebrada. O egoísmo é o fogo que destrói os elos da cadeia. Pensar, exclusivamente, em si mesmo é se distanciar do apoio que, cedo ou tarde, iremos precisar. A fraternidade é a solda que une os elos da corrente e a mantém firme no momento em que nos sentirmos sem forças para caminhar.

É por essa razão que Chico Xavier sempre fez questão de viver ao lado dos sofredores, socorrendo-lhes em suas necessidades materiais e espirituais. Ele sabia que, se não enxugasse com amor as lágrimas do próximo, ninguém amanhã haveria de enxugar as suas.

Por mais difícil esteja a nossa vida, oremos, caminhemos adiante e procuremos atender alguém em maior penúria que a nossa, pois somente assim estabeleceremos laços de cooperação espiritual em nosso favor. Quem se rende ao egoísmo, fica preso nas grades do isolamento. Quem vai em direção ao próximo, liberta-se no apoio da cooperação de Deus.

Fazer regime

Fazemos regimes para emagrecer. Compramos livros, vamos aos especialistas. É natural: precisamos de saúde, de corpo mais livre. Fazemos ginástica para ter elegância física. Por que não podemos fazer um pouco de regime de desprendimento? Às vezes o pão apodrece dentro de nossa casa.

Chico Xavier [23]

Chico nos propõe um regime diferente: o do desprendimento, provavelmente mais difícil do que o regime do emagrecimento. Ao fecharmos a boca, emagrecemos fisicamente. Ao abrirmos o coração, robustecemo-nos espiritualmente. Muitos se dedicam a um corpo afinado, mas a alma está obesa pelo acúmulo de coisas desnecessárias.

---

[23] BACCELLI, Carlos. *Chico Xavier, à Sombra do Abacateiro.* IDEAL.

O que sobra em nossa casa, provavelmente, falta na casa do vizinho, como sabiamente lembrava Chico.

A comida que jogamos no lixo poderia saciar a fome de muita gente. As roupas que abarrotam nossos armários, sem nenhum uso de nossa parte, poderiam vestir irmãos que perambulam pelas ruas, quase desnudos, e tiritando de frio. Os sapatos que já não nos tem serventia poderiam calçar companheiros de pés sangrando. Os livros que enchem nossas prateleiras poderiam minorar a ignorância de muitos.

Vamos começar o nosso regime de desprendimento e veremos quantas alegrias vamos sentir em nosso próprio coração. Mas, tal qual ocorre nas dietas de emagrecimento, não deixemos a iniciativa para aquela "segunda-feira" que nunca chega, em nosso calendário.

CHEGOU O MOMENTO DA VIRADA

Por maior a dificuldade, jamais desanime. O seu pior momento na vida é sempre o instante de melhorar.

Albino Teixeira [24]

O desânimo é perigosa erva daninha capaz de destruir a plantação de seus mais lindos sonhos. As dificuldades fazem parte do chamado "kit" sucesso. Vamos nos convencer de que tudo o que desejamos ainda não está pronto, e, em assim sendo, razoável pensar que nada virá sem esforço, perseverança e ação. Se você almeja qualquer realização, saiba que barreiras fazem parte da corrida denominada "felicidade".

Entregar-se ao desânimo diante dos obstáculos é abrir mão de seus sonhos, é jogar na lata do lixo as suas metas, é começar a morrer antes da hora.

---

[24] XAVIER, Francisco Cândido. *Paz e Renovação*. IDE.

Repare que seu pior momento na vida pode ser tanto o ensejo de você abandonar seus projetos, quanto pode ser o melhor instante de você reverter a situação armando-se de paciência, motivação e melhor qualificação. O instante é o mesmo para quem se rende ao fracasso ou para quem recupera o ânimo para a vitória.

Esse é o conselho sábio que Chico Xavier obteve do mundo espiritual e que agora lhe chega nesta hora crítica, em que talvez você esteja pensando em largar tudo. Calma. Pense a respeito. Não se entregue. Agora pode ser o instante precioso no qual você dará a grande virada em sua vida. Agora mesmo pode ser dado o primeiro passo em direção ao êxito, neste exato momento você pode começar a escrever uma linda história de superação, coragem e heroísmo.

Lembre-se de que você não está só nesta corrida. Alguém muito especial vela por você neste instante. Não importa o nome que lhe damos, importa saber que alguém lhe ama verdadeiramente. É provável que tenha sido ele quem lhe inspirou a pegar este livro e ler este capítulo. É quase certo também que essa *força divina*, que nos auxilia nos momentos de indecisão, tenha me inspirado a colocar no papel essas palavras. Fizeram isso porque tinham um endereço certo: você. É por você que Deus existe. É por você que Ele mostra seu rosto.

AJUDE DEUS A LHE AJUDAR

Os Espíritos Amigos sempre se mostram dispostos a nos auxiliar, mas é preciso que, pelo menos, lhes ofereçamos uma base.

Chico Xavier [25]

Quando fura o pneu do carro, precisamos do instrumento conhecido por "macaco" para substituir o pneu. Da mesma forma, quando temos um problema qualquer, precisamos oferecer algo a Deus para que o socorro divino nos alcance. Emmanuel, o sábio Guia Espiritual, costumava dizer ao Chico:
– *Nada se pode fazer de nada.*[26]
Sem a nossa cooperação, Deus não trará o amparo de que necessitamos.

---
[25] BACCELLI, Carlos. *O Evangelho de Chico Xavier*. DIDIER.
[26] MAIOR, Marcelo Souto. *As vidas de Chico Xavier*. Planeta

Sem a nossa fé, Deus não fará nenhum milagre.

Sem nos ajudarmos, Deus permanecerá de braços cruzados.

Sem o nosso esforço, Deus não nos dará forças para vencer.

Sem a nossa coragem, Deus não tem como nos tornar fortes.

O que desejamos dizer, sem nenhum rodeio, é que, até para Deus nos ajudar, nós precisamos também ajudar primeiramente a Deus, por meio de nosso esforço constante. Deus nada poderá fazer em nosso benefício se não encontrar, ao menos, uma semente de auxílio dentro de nós. Até o avião precisa de uma pista adequada para pousar.

Então, aproveitando estes minutos com Chico Xavier, precisamos nos perguntar o que temos oferecido à vida para que a vida nos ajude. Não se trata de oferendas materiais. É a oferenda do suor de nosso rosto, da confiança de nossa alma, da fé em nosso futuro, da crença em nossa felicidade, da perseverança no bem em favor do semelhante.

É disso que Deus precisa para nos auxiliar. Vamos dar uma "mãozinha" a Deus?

Doenças Imaginárias

No terreno das desconfianças de moléstias, é útil trazer o raciocínio como uma casa muito clara para que as sombras não penetrem. Quando a criatura dá acolhida à dúvida, nesse sentido, já andou metade do caminho para contrair o mal.

Neio Lucio [27]

Refletindo com o Amigo Espiritual, chegamos à seguinte conclusão: ou dominamos nossos pensamentos ou nossos pensamentos nos dominarão, arruinando a saúde. Deixar a mente ser penetrada pelo medo de adoecer é meio caminho andado em direção à enfermidade.

A lei é implacável: tudo aquilo que nós semeamos, haveremos de colher. Temer é dar força para o mal, é

---

[27] XAVIER, Francisco Cândido. "Pérolas de Sabedoria" in *Vinha de Luz*.

atraí-lo sem que haja necessidade de experimentá-lo.

Diante de um possível acontecimento, costumamos optar pela hipótese mais trágica fantasiando nas asas do medo.

Quem vive com medo é porque aprendeu a sempre esperar pelo pior. Isso pode se tornar um vício, tanto quanto se vicia em bebida e cigarro.

Quase todos nós somos viciados em medo. O alcoólatra, por exemplo, mesmo consciente dos danos que a bebida acarreta se sentirá atraído à bebida, porque o vício é como um filho faminto que ele criou, e que lhe pede comida a toda hora. E o pai se sente compelido a saciar-lhe a fome.

O doente imaginário acostumou suas células a se alimentarem de pensamentos enfermos. Elas pedem a ele esse combustível, pois ficaram viciadas em doenças, e fatalmente um dia elas acabarão mesmo enfermando.

É hora de mudar isso. Chega de sofrer pela nossa imaginação. Precisamos nos educar mentalmente, domar a nossa mente, não deixá-la solta, desocupada, mórbida.

Clareie sua casa mental com a fé e a razão, com a certeza de que o melhor sempre lhe ocorrerá. E se alguma dificuldade visitar você, saiba que tudo concorre para o nosso bem, entendendo que a dor de hoje é processo de limpeza do lixo que se acumulou em nosso caminho.

Quer saber de uma coisa?
Você está ótimo!

Nossa missão na Terra

Cada um de nós vem a Terra para aprender, aprender a amar. Não viemos para aprender a ser amados, mas sim a amar.

Chico Xavier [28]

Já imaginou se todos nós estivéssemos empenhados em cumprir essa missão que cada um tem ao renascer neste planeta?

Já pensou como viveria nossa família, se dentro do lar estivéssemos preocupados com a felicidade do outro?

E no trabalho? Como seria maravilhoso se o patrão procurasse a alegria do empregado! Quanta bênção haveria se os trabalhadores de uma empresa cooperassem pelo sucesso do patrão!

---

[28] BACCELLI, Carlos. *Chico Xavier, à Sombra do Abacateiro*. IDEAL.

As nações viveriam um clima de paz verdadeira, se cada uma colaborasse para o progresso da outra.

Se tudo isso ocorresse, ninguém teria inimigos. Ninguém se sentiria só. Ninguém teria mágoas. Ninguém teria a consciência pesada por culpas.

E por que tudo isso nos parece tão distante? Chico Xavier nos deu a resposta: a maioria de nós deseja ser amado e poucos, muito poucos, amam de verdade.

Eu não estou falando do vizinho. Não estou me referindo a algum parente. Não estou pensando em algum político ou criminoso.

Estou com o dedo apontado para mim.

DENTRO DE CASA

Cada criatura que nos desfruta o caminho ou a experiência, é semelhante à planta que, se ajudarmos, nos ajuda.

Bezerra de Menezes [29]

O Amoroso Guia nos faz pensar que nosso lar pode ser comparado a um bosque com plantas de variadas espécies. Quem as plantou foi Deus e Ele sabe por que plantou umas e não outras. Toda essa plantação divina exige cuidados, e Deus divide conosco essa sublime tarefa de cuidar das plantas que Ele semeou em nosso lar.

Quanta felicidade haveria se o marido cuidasse com carinho da planta chamada "mulher"! Quanta bênção se espalharia em casa se a esposa

---

[29] XAVIER, Francisco Cândido. *Bezerra, Chico e Você*. GEEM.

regasse, diariamente, a planta conhecida por "companheiro"!

Quanta luz haveria nessa família se os pais doassem um pouco mais de tempo e amor às plantinhas em fase de crescimento!

Quanta felicidade se derramaria no lar se os filhos socorressem os pais idosos, como árvores milenares no crepúsculo da existência!

Cuidar é curar. Nossa família pode estar enferma e Jesus nos receitou o remédio do amor, sobretudo do amor àqueles com quem temos maiores dificuldades de convivência. Eles são os professores que nos ensinarão o amor na prática.

As ervas daninhas, nos relacionamentos, geralmente indicam falta de cuidado. Vamos dedicar hoje, amanhã e depois um pouco mais de cuidado às plantinhas de nosso lar que estão doentes de atenção?

O poeta Sylvio Fontoura, pelas mãos de Chico Xavier, escreveu interessante trova:

Conheci crentes e ateus,
Muita gente conheci,
Mas mendigo com parentes
É cousa que nunca vi. [30]

Será que não existem mendigos dentro do nosso lar, esperando a doação de um pedaço de pão de nosso coração?

---

[30] XAVIER, Francisco Cândido. *Tão Fácil*. CEU.

COMO ESTÁ SUA MALA?

Às vezes a pessoa quer mostrar que possui isso, aquilo e mais aquilo, sem se preocupar, porém, com a aquisição de valores espirituais. Depois, quando desencarna, fica aí agarrada com as coisas da matéria...

Chico Xavier [31]

Em suas conversas com amigos, Chico Xavier costumava dizer que, a cada dez pessoas que partem para a vida no além, em média sete delas permanecem presas aos interesses materiais que tinham quando ligadas ao corpo físico. Por isso, os médiuns costumam identificar a presença de muitos espíritos, ainda presos aos valores materiais que cultivaram, quase

---
[31] OLIVEIRA, Weimar Muniz de. *Chico Xavier, casos inéditos.* FEEGO.

que com exclusividade enquanto permaneceram na experiência terrena.

    O ensinamento deixado pelo médium Chico Xavier, fruto de sua elevada percepção da realidade astral, permite-nos concluir que a grande maioria de nós parte deste mundo mendigo de valores espirituais. Cultivamos, na breve jornada terrena, bens que em nada nos servirão quando de regresso à pátria espiritual. Riqueza material não significa riqueza espiritual.

    Imaginemos um viajor que sabe da necessidade de um dia regressar ao seu país de origem. Em sua pátria faz muito frio e ele está em viagem a um país tropical. Enquanto estagia no estrangeiro, pouca ou nenhuma importância dá para adquirir roupas de inverno. Chega o dia, porém, em que ele deve fazer a viagem de volta e quando desembarca no clima gélido de seu país, abre as malas e se surpreende ao constatar que não tem nenhum agasalho. Sua bagagem está cheia de roupas de praia, chinelo e protetor solar.

    Assim também se passa conosco. Somos espíritos em breve viagem de aprendizado pelo planeta Terra. Um dia voltaremos à nossa verdadeira pátria que é o mundo espiritual. Não viveremos lá com os valores materiais que são cultuados aqui. Dinheiro, prestígio, fama, poder e beleza física não são moedas utilizadas no mundo espiritual.

    Alguém que viveu em situação de penúria material

por aqui pode acordar lá como um milionário espiritual, e vice-versa. Muitos dos que hoje por aqui vivem na mais absoluta miséria, já viveram em outras encarnações como afortunados e poderosos, e se perderam em falcatruas, corrupções e crimes.

Vale à pena refletir nestes minutos com Chico Xavier, e dar uma espiada nos bens que temos em nossa mala, para não expiarmos mais tarde com o remorso da mala vazia de amor e serviço ao próximo.

Cura espiritual

Quantas enfermidades pomposamente batizadas pela ciência médica não passam de estados vibratórios da mente em desequilíbrio?

Emmanuel [32]

No trato com as nossas doenças, além dos cuidados médicos indispensáveis à nossa cura, não nos esqueçamos também de que, quase sempre, a origem de toda enfermidade principia nos recessos do espírito.

A doença, quando se manifesta no corpo físico, já está em sua fase conclusiva, em seu ciclo derradeiro. Ela teve início há muito tempo, provavelmente, naqueles períodos em que nos descontrolamos emocionalmente, contagiados que fomos por diversos vírus potentes e

---

[32] XAVIER, Francisco Cândido. *Vinha de Luz*. FEB.

conhecidos como raiva, medo, tristeza, inveja, mágoa, ódio e culpa.

Como a doença vem de dentro para fora, isto é, do espírito para a matéria, o encontro da cura também dependerá da renovação interior do enfermo.

Não basta uma simples pintura quando a parede apresenta trincas. Renovar-se é o processo de consertar nossas rachaduras internas, é escolher novas respostas para velhas questões até hoje não resolvidas. O momento da doença é o momento do enfrentamento de nós próprios, é o momento de tirarmos o lixo que jogamos debaixo do tapete, é o ensejo de encararmos nossas paredes rachadas.

O Evangelho nos propõe tapar as trincas com a argamassa do amor e do perdão. Nada de martírios e culpas pelo tempo em que deixamos a casa descuidada.

O momento pede responsabilidade de não mais se viver de forma tão desequilibrada. Quem ama e perdoa vive em paz, vive sem conflitos, vive sem culpa.

Quando atingimos esse patamar de harmonia interior, nossa mente vibra nas melhores frequências do equilíbrio e da felicidade, fazendo com que a saúde do espírito se derrame por todo o corpo.

Vamos começar agora mesmo o nosso tratamento?

CAIR E LEVANTAR

Todos os dias caio, mas todos os dias me levanto.

Chico Xavier [33]

Talvez, ao se deparar com esta página, você esteja caído de alguma forma. Caído em um leito, vítima de enfermidade atroz. Caído no cárcere, condenado ao desespero. Caído em culpas, preso ao julgamento da própria consciência. Caído na solidão pelo abandono do ser amado. Caído na saudade pela partida de um ente querido. Caído no fracasso por uma oportunidade que se perdeu.

Seja qual for o motivo de nos encontrarmos caídos no chão da inércia ou do desespero, a lição que Chico Xavier nos oferece é a de nos levantarmos o mais

---

[33] BACCELLI, Carlos. *Orações de Chico Xavier*. LEEP.

depressa possível. Isso porque, se nós permanecermos caídos, nada faremos em prol de nós mesmos.

O momento da queda não simboliza o que somos, nem retrata o fim de nossa vida. É apenas uma fotografia que registra um determinado momento, mas que não define as próximas cenas que irão compor o filme de nossa existência.

Não deixemos que nossa vida pare naquela fotografia. Não fiquemos estacionados na mágoa, na culpa, na vergonha, no desespero e no medo de viver. Voltemos para a vida. Deixemos o filme rolar, partamos para outras fotografias, novas cenas, pois isso somente acontecerá se nos levantarmos com ânimo e fé.

Qualquer queda pode representar dor e vergonha para qualquer um de nós. No entanto, no estágio evolutivo em que nos encontramos no planeta, somente Jesus teve pernas, suficientemente, fortes para não cair moralmente. As nossas são pernas ainda fracas que as quedas visam fortalecer.

Jesus está com as mãos estendidas para nós, convidando-nos a levantar agora mesmo. Não esperemos pela vontade. Façamos o que precisa ser feito, que a vontade vem sempre depois.

A SUA PARTE

Ninguém espera que possas apagar, unicamente por ti, o incêndio do desespero que se alastra na Terra. Em favor de nós todos, oferece o teu jarro de água fria.

Emmanuel [34]

O fogo das misérias morais e das misérias materiais se alastra pela Terra. Epidemias, corrupção, guerras, fome, violência. As labaredas são enormes e muitas vezes nos sentimos incapazes de algo fazer, para debelar incêndio de tão grandes proporções.

Por certo, não poderemos mesmo sozinhos lidar com problemas tão graves e complexos. Mas, a orientação espiritual nos convida a oferecer nosso jarro de água fria. Se todos se dispusessem a isso, não haveria

---

[34] XAVIER, Francisco Cândido. *Pronto Socorro*. CEU.

fogo se alastrando no planeta. Se cada um de nós não se omitisse naquilo que nos é possível realizar, não estaríamos passando por tantos dissabores. Quando nos omitimos no bem, deixamos o mal crescer.

Ofereçamos, desse modo, ainda neste dia, o nosso jarro de água fria por meio de mil maneiras diferentes, como sugere Chico Xavier: *seja orando, seja falando, seja escrevendo, seja lavando, seja varrendo, seja costurando, seja ganhando dinheiro para ajudar, seja alcançando uma moeda, uma xícara de leite, uma gota de remédio, em suma, com porções de tempo assim empregado é que ajudaremos a transformar o mundo.* [35]

Um jarro de água, de fato, é muito pouco diante de tantos males, mas é com este pouco que nós, todos os dias, poderemos cooperar com Jesus na instalação do Reino dos Céus na própria Terra. É isso o que aprendemos com a poetisa Auta de Souza, cujos versos foram recebidos pelas mãos de Chico Xavier:

---

[35] WORM, Fernando. *A Ponte, diálogos com Chico Xavier*.LAKE.

AUXILIA

Ouve!... Ruge, lá fora, a ventania...
E enquanto o lar ditoso te acalenta,
Há quem padece os golpes da tormenta
Suportando a ansiedade e a noite fria.

Repara a estrada longa, erma e sombria...
Eis que a dor te acompanha, amarga e atenta.
Desce do altar de luz que te apascenta
E socorre a miséria que te espia.

Ajuda e sentirás em resplendores
Luzes e auroras, júbilos e flores
A brotar dos charcos em que pises!...

Estrelas fulgirão sobre os teus passos...
É que o Cristo do Amor te estende os braços
Junto às chagas dos grandes infelizes!... [36]

---

[36] XAVIER, Francisco Cândido. *Auta de Souza*. IDE.

VIVER COMO ESPÍRITO ETERNO

Nós que estamos vendo tantos filhos, tantos parentes mortos repentinamente nas estradas, tantos deles internados na toxicomania, às vezes em processos irreversíveis durante a vida física, e, no entanto, não estamos sem esperança, porque temos Deus, a imortalidade. Ele nos criou para sermos imortais e a Doutrina Espírita nos amplia a crença, nos dá uma nova visão do Cristo, o nosso amigo Eterno.

Chico Xavier [37]

As palavras de Chico Xavier são como drágeas de esperança ao nosso coração sofrido pelas amarguras da vida.

Apesar de todas as provas que nos visitam o caminho, como a dor da partida repentina de uma pessoa

---
[37] NOBRE, Marlene R. S. *Lições de Sabedoria*. FE.

querida, nenhum de nós está excluído do esquema de Deus, e por isso nos sentimos esperançosos de que todas as dores um dia cessarão. Que os problemas que não puderem ser solucionados nesta existência, serão equacionados mais tarde no mundo espiritual, ou em uma próxima experiência.

Deus é o nosso Pai Amoroso, que continua nos amando, sobretudo, quando estamos na pior fase de nossa vida. É nessa hora que o Pai está ao lado do filho, é no momento em que o filho está em perigo, arruinado, doente e desesperado que Deus não desgruda dele. Pode lhe faltar tudo, mas Deus não lhe falta.

Chico nos lembra também de que temos a eternidade. Perante ela não há problema insolúvel, pois tudo se resolverá a seu tempo.

A lição que hoje não conseguimos aprender será repetida quando retornarmos ao corpo para novas experiências evolutivas.

A convivência que hoje se interrompeu, abruptamente, mais tarde retomará o seu curso, nas infinitas moradas da casa do Pai.

A doença que aniquilou o corpo apenas projetou o espírito mais saudável nas dimensões do mais além.

Perante a eternidade, a palavra morte precisa ser novamente conceituada. Morte não é fim, apenas passagem para uma nova vida. Não é um "adeus", apenas um "até breve".

Nossos entes amados não são como objetos que se perdem. São almas que viajam, cedo ou tarde, para as dimensões espirituais onde continuam vivos em constante processo de crescimento, sem que os laços de amor que nos uniram fossem rompidos. Os que partiram continuam na vida, mas não nos deixaram, porque quem ama sempre estará na memória de nosso coração, à espera do dia do grande reencontro.

AUTOESTIMA

Evite menosprezar-se. Você é uma criação de Deus. Terá deficiência, é claro, mas é justo observar que todos nos achamos no caminho do progresso.

André Luiz [38]

Quando nos defrontamos com os nossos erros, limitações e fracassos, nós tendemos a rebaixar os níveis de nossa autoestima, com graves prejuízos para nossa vida.

O cultivo do desprezo por si mesmo pode ser comparado a esses vírus que atacam nossos computadores desconfigurando o sistema operacional. É como se perdêssemos o foco de nossa imagem verdadeira, que é a do filho de Deus, criado à imagem e semelhança do Pai, e passássemos a nos enxergar como uma pessoa incapaz, medíocre, sem nenhum

---

[38] XAVIER, Francisco Cândido. *Busca e Acharás*. IDEAL.

valor, enfim, muito diferente de como Deus nos criou.

André Luiz, na qualidade de médico espiritual, tenta corrigir essa distorção de nossa percepção ao nos afirmar que somos criações divinas. Você é criação de Deus. Diga e sinta isso todas as vezes em que se sentir desvalorizado, desmotivado, doente e abatido. Não se identifique com os seus insucessos. Você não é um fracassado, apenas ainda não descobriu a maneira correta de chegar ao êxito.

Não é errado errar. Sem o erro não se aprende o caminho do acerto. Somos espíritos no caminho do progresso, isto é, ainda não estamos no topo da evolução, aliás, falta muito a chegar lá. Isso quer dizer que precisamos lidar com o nosso perfeccionismo, vencê-lo, domá-lo, pois todo perfeccionista se exige mais do que é capaz de dar e sofre muito por isso.

Sem nos acomodarmos em nossas quedas, vamos avançando, pouco a pouco, rumo à própria evolução. Estamos todos a caminho da luz. E quem está a caminho não para de andar, depois de levar algum tombo.

Pare de falar mal de si mesmo. Pare de se criticar. Agindo assim você somente atrairá maiores problemas em seu caminho. Saia dessa negatividade o quanto antes. Faça algo de bom por si mesmo, e isso pode ocorrer agora mesmo, por meio de um olhar de bondade e de uma palavra de estímulo para você. É assim que Deus lida com você.

Não olhe tanto para sua sombra, mire em direção à luz.

Estou bem de saúde

'Apesar dos vinte e dois comprimidos diários que tomo, vou bem de saúde. Se eu ficar falando que estou doente, que não estou bem começam a dizer por aí: 'O Chico está doente'. 'Ele não está bom'. 'Está com tal ou qual enfermidade...' Vão dizendo assim e, se a gente acreditar, acaba adquirindo a doença.

Chico Xavier [39]

Chico Xavier é, sem sombra de dúvida, um magnífico terapeuta espiritual. A resposta acima transcrita foi dada pelo médium quando indagado por um confrade sobre seu estado de saúde.

Na verdade, o que o amigo gostaria de perguntar não era sobre as condições de saúde do Chico, mas sobre

---

[39] OLIVEIRA, Weimar Muniz de. *O Apóstolo do Século XX – Chico Xavier*. FEEGO.

a sua própria condição, já que andava muito preocupado com algumas dores de cabeça que o acometiam.

Chico responde e ensina. Fala da força da palavra e da possibilidade de sermos envolvidos pelas emanações mentais das pessoas que nos rodeiam.

Apesar de todas as suas doenças, Chico afirmava, para si próprio, e para quem lhe perguntasse, que estava bem de saúde. Com tal atitude, ele procurava realçar a condição que desejava alcançar e não aquela que lhe dificultava os passos.

Quando falamos com convicção que estamos bem de saúde, mandamos uma forte mensagem de equilíbrio a todas as células e órgãos de nosso corpo. O contrário também é verdadeiro. Se insistirmos, porém, em afirmar que não estamos bem, enviamos ao corpo, pelos neurônios, impulsos perturbadores que induzem à alteração da bioquímica corporal, favorecendo assim a eclosão ou o agravamento da enfermidade.

Em outra oportunidade, Chico falou sobre o papel da mente na cura do câncer: *Sim, em todo caso de câncer o mundo mental desempenha um papel muito importante, porque a própria mente do enfermo pode cooperar no estacionamento e, talvez, na regressão ou na ampliação de caráter violento em qualquer processo canceroso.* [40]

Soma-se a tudo isso a possibilidade de, se não

---

[40] NOBRE, Marlene R. S. *Lições de Sabedoria*. FE.

vigiarmos a mente, ficarmos impressionados pelo teor dos pensamentos negativos que partem daqueles que, por uma ou outra razão, comentam sobre nossas dificuldades orgânicas.

Chico aplicou a lição a si mesmo. Apesar de todas as suas doenças e cirurgias, apesar dos vinte e dois comprimidos diários, Chico viveu feliz em uma existência de noventa e dois anos.

A propósito, você vai bem de saúde, não vai?

Confia em Deus

*Sejam quais forem as aflições e problemas,
confia em Deus, amando e construindo, perdoando
e amparando, porque Deus, acima de todas
as calamidades e de todas as lágrimas,
te fará sobreviver, abençoando-te a vida
e sustentando-te o coração.*

Meimei [41]

Jesus nos apresentou Deus como um Pai amoroso. Estou falando não apenas do Pai de Jesus, mas de nosso Pai. Sim, você não é um filho sem pai, você não está abandonado no mundo, seu pai não sumiu, não desapareceu como fazem muitos pais terrenos, tão logo tomam conhecimento de que a companheira está grávida.

---

[41] XAVIER, Francisco Cândido. *Coragem*. CEC.

Deus honra a Paternidade que Ele assumiu quando nos criou. Exatamente neste momento Deus está com a sua certidão de nascimento nas mãos. Está preocupado com você, está pensando em como lhe ajudar. Ele o ama; você não precisa conquistar o amor de Deus, você já o tem.

Seu Pai é Deus, conhece você pelo nome, sabe até a quantidade de fios que tem na sua cabeça, e sendo Ele o Criador do Universo, está acima de todas as tragédias humanas, e não deixará que você se torne um derrotado. Mas, para isso você precisa confiar Nele e prosseguir seu caminho fazendo sempre o melhor ao seu alcance.

Jesus não recusou a própria cruz, Chico Xavier enfrentou enormes testemunhos, todos os grandes benfeitores da humanidade passaram por muitas dificuldades. Mas, todos sabiam que o sofrimento compensava a vitória que os aguardava. Eles sabiam que o sofrimento com Deus é a véspera da alegria.

MOÇO DEMAIS

Muita coisa eu não sabia, muita coisa eu só estou aprendendo agora, quase aos 85 anos de idade...

Chico Xavier [42]

Chico é um verdadeiro mestre espiritual. Os sábios sabem que nada sabem, como, aliás, um dia afirmou Sócrates, considerado o fundador da filosofia ocidental. O filósofo Chico Xavier reconhece sua ignorância sobre muitos assuntos e assume que, somente aos 85 anos de idade, estava aprendendo muita coisa.

Eu fiquei a pensar em quanta gente que, aos quarenta, trinta ou mesmo vinte anos de idade, já se acha dona de todos os conhecimentos da Terra e que nada mais precisa aprender. Elas se fecham em autossuficiência,

---

[42] BACCELLI, Carlos. *Chico Xavier, 70 anos de Mediunidade*. DIDIER.

que se desmanchará como os castelos de areia. E a autossuficiência é a inimiga primeira do progresso, pois quem não aprende, não recicla, não amplia conhecimentos, não avança em todos os setores da existência.

Muitas pessoas hoje enfrentam dificuldades profissionais, porque acreditaram que o conhecimento profissional que tinham no passado seria suficiente para sustentá-las no emprego a vida toda. Quando vieram as novas tecnologias, elas se tornaram mão-de-obra obsoleta que o mercado de trabalho dispensou.

O ensinamento de Chico Xavier é também valioso para aqueles que se acham muito velhos para aprender. Mesmo aos oitenta e cinco anos de idade, padecendo inúmeras doenças, Chico afirmava que estava aprendendo muita coisa.

Com isso, podemos concluir que o aprendizado não se submete aos ditames biológicos. É uma questão de abertura mental, de receptividade, de pré-disposição. Ninguém é velho para aprender, como equivocadamente se diz. Não podemos atribuir ao corpo um problema que, no fundo, está em nosso comodismo mental.

Então, nestes minutos com o sempre jovem Chico Xavier, pensemos nos empecilhos que temos colocado ao nosso progresso, procurando 'descondicionar' da crença de que velhice é tempo de cama, doença e pijama.

Sem lamentação

*Quem vive colecionando lamentações,
caminhará sob a chuva de lágrimas.*

André Luiz [43]

Estamos todos sob o regime da lei do "semear e colher". O atleta adquire um corpo modelado porque se dedica ao esporte. O cientista adquire notoriedade porque se aplica à pesquisa permanente. Pelas mesmas razões, quem se entrega habitualmente à lamentação, outra coisa não poderá colher a não ser lágrimas e dores, conforme a instrução que Chico Xavier recebeu do mundo espiritual.

A lamentação é a fixação no ponto infeliz de um determinado problema. Se me prendo a este ponto, não

---

[43] XAVIER, Francisco Cândido. *Agenda Cristã*. FEB.

verificando outros pontos positivos e outras possibilidades de êxito, minha mente se fecha na negatividade, e por consequência, passará a atrair tudo o que for negativo também.

Não focalize o fracasso, a dor e a dificuldade. Apenas aprenda com as situações à sua volta, e faça o que precisa ser feito para sair daquela situação.

Lamentar é adiar o dia da melhora. Troque a queixa pelo aprendizado da experiência. Em qualquer problema, sempre há uma porta aberta do lado que nós menos esperamos. A lamentação, porém, sempre coloca a nossa visão em direção à porta fechada. Lamentar é investir no fracasso e se afastar de suas possibilidades de vitória. Vamos estancar as lágrimas? Quem sabe consigamos isso com esse verso de Cornélio Pires, recebido por Chico Xavier:

Pessoa que se declara
Doente, triste e abatida,
Sempre de tranca na cara
Já é pessoa vencida. [44]

---

[44] XAVIER, Francisco Cândido. *Humorismo no Além*. IDEAL.

MISERICÓRDIA DIVINA

Quando temos dívida na retaguarda, mas continuamos trabalhando a serviço do próximo, a Misericórdia Divina manda adiar a execução da sentença de resgate, até que os méritos do devedor possam ser computados em seu benefício.

Chico Xavier [45]

Temos nessas palavras de Chico valioso ensinamento a respeito dos mecanismos de atuação da Justiça Cósmica. Ainda que seja da Lei Divina o retorno a nós mesmos dos desacertos perante a vida, em forma de obstáculos, doenças e carências várias, a Misericórdia de Deus sempre nos contempla com o adiamento da execução de nosso carma negativo, todas

---

[45] SILVEIRA, Adelino da. *Chico. De Francisco.* CEU.

as vezes em que estejamos trabalhando pelo bem de nosso próximo.

A Deus não interessa o nosso sofrimento. A dor é mero reflexo indicando que nos afastamos da lei do bem. E tão logo retornemos a semear bênçãos na vida de nossos semelhantes, atrairemos igualmente bênçãos para a nossa jornada. O chamado carma negativo se dissolve aos efeitos do carma positivo.

A Justiça Divina tem várias maneiras de promover o restabelecimento da harmonia, diante das situações em que nosso orgulho falou mais alto do que o amor. Tudo depende de nossa predisposição em admitir nosso equívoco e corrigi-lo tão logo possível.

Dor, sofrimento e culpa são expedientes desnecessários quando o amor toma conta de nossas atitudes e faz com que o mal de ontem se dissolva no bem de agora.

Perdão, tolerância, amor e caridade não são apenas virtudes inertes no caminho daquele que aspira à ascensão espiritual, são, antes de tudo, verdadeiros advogados de nossas causas perdidas perante os tribunais do além, impedindo que o martelo de nosso carma caia inteiramente sobre nós.

Isso é misericórdia.

Sem desespero

O doente desesperado é sempre digno de piedade, porque não existe sofrimento sem finalidade de purificação e elevação.

Neio Lucio [46]

O desesperado é aquele que perdeu a esperança, perdeu o alento para viver. A Espiritualidade, no entanto, esclarece-nos que não existe sofrimento sem finalidade e essa finalidade é boa. Sofrimento não é pena nem castigo, seu objetivo é a nossa purificação, a nossa elevação.

Purificação é o processo de nos tornar puros, isto é, de retirar as impurezas que se agregaram ao nosso cosmo orgânico por conta do orgulho. A inveja, a culpa,

---

[46] GAMA, Ramiro. *Lindos Casos de Chico Xavier*. LAKE.

o ódio, a arrogância, a ira, a revolta, a falta de perdão são manifestações do orgulho que produzem muitas toxinas em nossas engrenagens físico-espirituais.

A doença é o mecanismo de drenagem dessas energias, de limpeza dos detritos acumulados em todas as oportunidades, em que preferimos o orgulho no lugar do amor. Dessa forma, podemos concluir que, não fosse o auxílio da doença, haveríamos de acumular tanta sujeira interior que a desencarnação seria a única solução cabível para sanar nossos desequilíbrios.

Por isso, quando atingidos pela enfermidade, nada de desespero, porque estamos diante da oportunidade de expulsar toda a perturbação interior. E quando estamos sujos, somente o banho resolve o problema.

Ao mesmo tempo, conforme o ensinamento espiritual em estudo, o sofrimento nos formula o convite à elevação, isto é, a estarmos acima do orgulho, e nos livrarmos das cargas negativas do ego e podermos, então, respirar em um território superior onde a generosidade, a humildade, a alegria e a paz sejam as marcas indeléveis daqueles que escolheram o amor.

A dor é o mecanismo que nos ensina a não colocar a mão na sujeira outra vez.

Maré baixa

Vamos pensar em coisa boa, gente. Em maré baixa ou em maré alta, vamos com Deus, aqui neste mundo todos estamos hospitalizados em processo de cura.

Chico Xavier [47]

Quando entramos na maré das dificuldades, nossa tendência é a de mergulharmos em pensamentos negativos e comportamentos autodestrutivos.

Quando as coisas pioram para nós, parece que nós também pioramos para as coisas. Aumentam os nossos pensamentos de revolta e desânimo, e não raro mergulhamos em vícios que acabam complicando ainda mais a nossa situação.

---

[47] WORM, Fernando. *A Ponte, diálogos com Chico Xavier*. LAKE.

Há um princípio na vida que denomino de "uma coisa leva à outra". Já reparou que coisas boas costumam acontecer a quem está atravessando a maré alta e que problemas, geralmente, visitam quem está na maré baixa? Isso acontece porque, quando somos atingidos por um problema qualquer, amiúde nos abatemos e passamos a pensar negativamente, dominados que ficamos pelo medo e pelas ideias trágicas a respeito do que ainda poderá nos ocorrer. Toda essa negatividade somente terá o efeito de atrair, pela lei de que semelhante atrai semelhante, novos problemas em nosso caminho. É a aplicação do princípio "uma coisa leva à outra".

Já aquele que atravessa um bom período sente-se mais confiante, pensa com alegria, tem bom-humor, não alimenta pensamentos mórbidos. Por isso, consegue atrair mais eventos positivos em sua jornada.

Por essa razão, Chico Xavier nos ensina a pensar bem, seja na maré alta, seja na maré baixa. Ele sabe que é na mente que se desenha a nossa felicidade ou a nossa derrocada. Portanto, atravessando um período difícil, vamos inverter a maré começando a pensar em coisas boas, como ensina o Chico.

Se estiver doente, pense nas coisas boas que você fará quando recuperar a saúde. Se estiver desempregado, pense em você trabalhando alegremente. Se os negócios não andam bem, pense na prosperidade que lhe advirá logo mais.

E não somente pense bem. Faça algum bem a você mesmo. Um pequeno agrado, uma palavra de estímulo, a lembrança de todas as suas conquistas, a recordação de todos os obstáculos que você já superou, a gratidão por todas as suas vitórias. Tudo isso será um aguaceiro para a maré encher rapidinho.

RECOMECE E VIVA

Meu amigo! Não basta fugir ao mal. É preciso fazer o bem. Você movimenta-se em branco, veste-se em branco, calça em branco, mas a sua existência na Terra passou igualmente em branco...

Irmão X [48]

Será que nossa vida na Terra também não está passando em branco? Será que não temos apenas evitado o mal sem assumirmos o bem como conduta de vida? A omissão no bem também é um mal. Cada um de nós responderá por todo o mal que tiver ocorrido por causa do bem que se deixou de fazer.

Amanhã, quando chegarmos ao outro lado da vida, nossa consciência não nos cobrará os feitos

---

[48] XAVIER, Francisco Cândido. *Contos Desta e Doutra Vida*. FEB.

grandiosos, como a construção de creches, hospitais, asilos e outras obras beneméritas.

Mas, a consciência nos fará recordar daquele orfanato bem pertinho de nossa casa que nunca visitamos.

Daquele abrigo de idosos que nunca nos interessamos em ajudar.

Daquele amigo em dificuldades a quem, nem mesmo um telefonema demos.

Daquele mendigo do bairro, de quem muitas vezes zombávamos, e que nunca lhe demos sequer um pedaço de pão amanhecido.

Daqueles sonhos que povoaram nossa mente de felizes expectativas, mas que nunca saíram do papel.

O bem que não fizermos hoje é o bem que nos faltará amanhã.

HOMEM OU BICHO

*Estamos encarnados na Terra, espíritos imortais
que somos, para nos humanizarmos, de
modo que todo processo de ódio ou de cólera é
reminiscência da nossa vida animal.*

Chico Xavier [49]

Quando os instintos falam mais alto do que os sentimentos, quando o orgulho sufoca a humildade, quando o ódio não dá espaço ao perdão, quando a cólera aniquila a compaixão, estejamos certos de que padecemos de uma terrível doença chamada "egoísmo", grave enfermidade capaz de gerar os mais atrozes sofrimentos.

Precisamos vencer a fera que habita as nossas

---

[49] XAVIER, Francisco Cândido. *Entender Conversando*. IDE.

entranhas. Há momentos em que sentimos haver um verdadeiro "zoológico" em nosso interior. O animal não tem razão, não tem discernimento, age exclusivamente por instinto.

Chico Xavier ensina que devemos nos humanizar, isto é, usar os atributos humanos da razão e do sentimento. Se usássemos mais a razão, evitaríamos muitos comportamentos que nos aproximam das feras. Basta lembrar, por exemplo, como agimos quando tomados pela ira.

Do mesmo modo, não podemos viver presos exclusivamente aos instintos. A vida é muito mais do que simplesmente comer, beber, dormir e fazer sexo. Os vícios surgem exatamente quando, vazios dos sentimentos nobres, tentamos em vão suprir os buracos da alma com os excessos de comida, bebida e sexo. O vício é uma cratera em nossa alma, um vazio que somente será preenchido com a argamassa das atitudes amorosas.

Precisamos, portanto, humanizarmo-nos urgentemente, não alimentar nossos bichos interiores, e isso somente ocorrerá quando passarmos a experimentar mais os sentimentos de amor, compaixão e respeito pelo próximo. Fazendo assim vamos enfim nos isolar das arenas, onde as disputas sangrentas do ódio muito se assemelham às detestáveis rinhas de galos.

SORRIR PARA AS DIFICULDADES

*Um grande sorriso para os obstáculos.
O pioneiro sorri para a pedra e remove-a,
para que a estrada apareça.*

Batuíra [50]

A orientação espiritual nos traz uma estratégia diferente para encararmos a dificuldade. No lugar da cara tensa e preocupada, coloquemos o sorriso para removermos as pedras de nosso caminho. A tensão pode fazer com que a pedra vire montanha. O sorriso tem o dom de tornar a pedra em grão de areia.

O sorriso nos permite enxergar a estrada que surgirá depois de removida a pedra. A face preocupada não consegue ver o que está além da pedra. O sorriso

---
[50] XAVIER, Francisco Cândido. *Mais Luz*. GEEM.

nos desloca para a solução da dificuldade, enquanto a preocupação nos prende a ela.

O sorriso produz relaxamento interior, aquela certeza de que você está seguro e em condições de superar quaisquer adversidades. Já a preocupação gera tensão e insegurança, pois você teme não ter forças suficientes para remover os obstáculos. Utilizamos apenas dezessete músculos para sorrir e quarenta e três para franzir a sobrancelha. Enfrentemos as pedras da vida com um sorriso e isso exigirá muito menos esforço.

É de Chico Xavier a lição/exemplo que divido com todos: *Às vezes, fico triste, mas graças a Deus, não sou um espírito triste. A alegria passa por cima de qualquer situação e o bom humor nos ensina a não dar aos acontecimentos infelizes, maior importância que eles tenham.* [51]

Vamos experimentar um sorriso agora mesmo?

Não esperemos que alguma coisa boa aconteça para sorrirmos. Vamos sorrir para que as coisas boas aconteçam.

---

[51] BACCELLI, Carlos. *Orações de Chico Xavier.* LEEP.

Por onde começar?

No espiritismo, a pessoa tem que começar estudando nos grandes livros e também lavando as privadas, trabalhando, ajudando os que estão com fome, lavando as feridas de nossos irmãos. Se não tivermos coragem de ajudar na limpeza de um banheiro, de uma privada, nós estaremos estudando os grandes livros da nossa doutrina em vão.

Chico Xavier [52]

A imensa sabedoria de Chico nos brinda com essa lição que se aplica não apenas aos que desejam ingressar nos labores do Espiritismo, mas a todos aqueles que pretendem iniciar qualquer trabalho nos mais variados setores da existência.

---

[52] MAIOR, Marcel Souto. *As vidas de Chico Xavier*. Planeta.

O médium fala, inicialmente, da importância do conhecimento que se adquire pelo estudo. Em qualquer tarefa que pretendemos realizar, precisamos de um mínimo de conhecimento a respeito do assunto. Imaginemos um médico sem conhecimento de anatomia ou um engenheiro sem domínio sobre cálculos! Seria um verdadeiro desastre!

Muitas pessoas hoje se aventuram em trabalhar nessa ou naquela atividade, sem ostentar o conhecimento mínimo indispensável a um proveitoso desempenho profissional. Depois surge o previsível fracasso e acusam a Deus ou à má estrela pelo insucesso.

Não basta, porém, somente o conhecimento. É preciso que o empreendedor da nova tarefa esteja disposto a lavar as privadas do templo religioso, de sua escola, de seu comércio, de sua empresa.

Chico afirma que, se não tivermos essa coragem de executar as tarefas mais humildes, não chegaremos a ter sucesso em nossa empreitada, pois todo o nosso conhecimento será em vão. Foi com Jesus que Chico aprendeu isso: *Se alguém quer ser o primeiro, deve ficar em último lugar e servir a todos.* [53]

Na vida, quase sempre queremos ficar em primeiro lugar, mas nos esquecemos de que o sucesso se

---

[53] Marcos, 9:35, *Bíblia Sagrada, Nova Tradução na Linguagem de Hoje.* PAULINAS.

conquista de baixo para cima, promovendo o sucesso e a felicidade das pessoas, sejam elas nossos clientes, alunos, familiares, empregados, colegas de ofício ou devotos da mesma fé.

Chico Xavier é considerado o maior médium de todos os tempos porque sempre procurou ser o servidor de todos. Ele não lidou apenas com Espíritos de Luz, antes de tudo fez luz no espírito dos sofredores.

Que estes minutos com Chico Xavier acendam a luz de nosso sucesso espiritual. Já sabemos por onde começar.

Esclarece Amando

Se tens o conhecimento exato disso ou daquilo, não menosprezes quem o ignore. Que será de tua verdade se não a utilizar para construir ou abençoar?

Meimei [54]

A orientação espiritual nos aponta o caminho da utilização de nosso saber para construir e abençoar, nunca para menosprezar aqueles que ignoram aquilo que sabemos.

Precisamos ter cuidado com o orgulho do saber. É falsa a ideia de superioridade quando analisada pelo critério da intelectualidade. Não somos superiores ao outro somente pelo fato de termos lido mais do que ele. Poderemos ter mais cultura, não há dúvida, mas isso não quer dizer mais amor e maior evolução espiritual. Chico

---

[54] XAVIER, Francisco Cândido. *Somente Amor.* IDEAL.

Xavier não chegou a concluir o ensino fundamental, mas foi um dos homens mais sábios do planeta Terra.

Além do mais, por maior que seja o nosso conhecimento, o que não sabemos é ainda maior. O verdadeiro sábio sabe que nada sabe. O pseudossábio nem imagina o que ainda desconhece.

Nosso saber deve ser um motivo de amparo ao ignorante, nunca o de ridicularizá-lo. A única diferença entre o culto e o ignorante talvez seja a oportunidade que o primeiro teve de se intelectualizar, oportunidade esta que foi concedida por Deus, exatamente, para que ele servisse de auxílio ao ignorante.

Enquanto o culto se preocupava em adquirir um livro, o analfabeto trabalhava de sol a sol para levar alimento aos filhos.

Muitos homens inteligentes que passaram pela Terra, e que abusaram do conhecimento que tinham em prejuízo do próximo, aportaram no além com grandes conflitos de consciência e hoje se acham reencarnados com graves enfermidades mentais, a fim de se reeducarem interiormente. É assim que poderemos entender as palavras do Instrutor Espiritual Ferdinando: *O homem abusa de sua inteligência, como de todas as suas faculdades, mas não lhe faltam lições, advertindo-o de que uma poderosa mão pode retirar-lhe o que ela mesma lhe deu.* [55]

---

[55] *O Evangelho Segundo o Espiritismo.* Trad. Herculano Pires, Cap. VII, item 13.

BENEFÍCIOS DA ORAÇÃO

É indispensável compreender que a oração opera uma verdadeira transfusão de plasma espiritual, no levantamento de nossas energias.

Padre Eustáquio [56]

Dentre os inúmeros benefícios da oração, a palavra do Mensageiro de Luz, que na última encarnação prodigalizou inúmeras curas, destaca a ocorrência da transfusão de energias espirituais que se dá no momento da prece. Equivalente ao processo de transfusão sanguínea, nós recebemos, no instante da oração, o que o Benfeitor chama de "plasma espiritual".

No plasma sanguíneo se encontram os glóbulos vermelhos, e o volume abaixo do normal desses glóbulos pode levar uma pessoa a ter anemia. Poderemos assim

---

[56] XAVIER, Francisco Cândido. *Instruções Psicofônicas*. FEB.

concluir que, no plasma espiritual, também encontramos substâncias que irão aumentar nossas reservas de forças energéticas para superarmos nossos padecimentos. Guardadas as devidas proporções, poderíamos afirmar que a prece é um poderoso suplemento vitamínico.

As dificuldades do dia a dia costumam operar um desgaste de nossas energias.

A preocupação, o medo, a aflição, a ansiedade e o desespero são como grandes válvulas por onde nossas reservas de força costumam se desvanecer. Ocorre uma espécie de "hemorragia magnética". Isso explica o motivo pelo qual nos sentimos abatidos e desanimados quando enfrentamos uma determinada situação mais estressante. Vejamos como uma pessoa chega a envelhecer depois de atravessar uma fase de provações. Até os cabelos embranquecem, quando não caem. Perda de energia vital que a prece poderia repor.

A oração é o posto de abastecimento de nossas energias. É o momento de renovação de nossas forças. É o instante em que Deus fala conosco e nos supre dos nutrientes espirituais necessários ao nosso revigoramento. Quem ora é mais forte, quem ora é mais sábio, quem ora está mais perto de Deus, e, portanto, mais perto de equacionar seus padecimentos.

Que tal você deixar que o Pai lhe dê agora o alimento de que você está necessitando? Entre logo nessa conexão divina e esteja *on-line* com Deus, em todos os lances de sua vida, e cure rapidamente essa anemia espiritual.

AGORA MESMO

Se eu fosse esperar melhores condições espirituais para servir, até o presente momento eu não teria começado...

Chico Xavier [57]

Transcrevo, caro leitor, parte do "currículo" de dificuldades e lutas de Chico Xavier, como anotado por um de seus amigos [58]:
Uma infância sofrida.
Doente dos pulmões aos doze e aos quarenta anos.
Gravemente enfermo de um olho desde 1931.
Cinco cirurgias de alto risco.
Dois enfartes.

---

[57] BACCELLI, Carlos. *O Evangelho de Chico Xavier*. DIDIER.
[58] Esses dados foram compilados por Adelino da Silveira, quando Chico Xavier tinha 77 anos de idade, portanto não estão atualizados, e se encontram no livro *Chico, de Francisco*, publicado pela Editora CEU. Chico ainda viveu mais quinze anos depois das anotações do seu amigo Adelino.

Sessenta anos de trabalho pela madrugada afora.
284 livros psicografados nas horas em que podia estar descansando.
Mais de 10 milhões de exemplares vendidos sem nunca haver recebido um centavo de direitos autorais.
Sofreu todos os tipos de provações.
Perseguido, caluniado, ironizado, traído, nada fez com que desistisse da tarefa.

Ao cabo da existência física de Chico, mais de 420 livros foram publicados, em uma impressionante média de mais de cinco livros por ano, tudo isso sem prejuízo de suas ocupações profissionais e familiares, e ainda por cima gozando de uma saúde precária.

Chico tinha tudo para não dar certo. Mas deu. Deu certo porque ele nunca esperou que sua situação de vida melhorasse para realizar a tarefa a que havia se proposto.

Chico começou de onde estava e com o que tinha. Narram alguns de seus biógrafos, que, não dispondo de ambiente dentro do lar para as tarefas mediúnicas, Chico chegou a psicografar algumas vezes no banheiro de sua casa, pois lá conseguia algum ambiente mais propício aos seus labores de intercâmbio com o mundo espiritual.

Hoje, vemos muitas pessoas aguardando uma situação de vida mais favorável para se lançarem à realização de suas metas. Provavelmente, elas irão desencarnar sem saírem do mesmo lugar.

Nestes minutos com o Chico, cuidemos de dar o primeiro passo em direção aos nossos objetivos, não deixando para amanhã a tarefa que nos cabe realizar hoje.

DEGRAUS PARA A QUEDA

Devo confessar que quase todos os desastres do pretérito tiveram origem na minha imprevidência e absoluta falta de autodomínio.

Lísias [59]

Creio que milhares de pessoas endossariam essa confissão de Lísias, enfermeiro do serviço de saúde da colônia espiritual conhecida por *Nosso Lar*. Olhemos para nossas dificuldades e verificaremos que, no mais das vezes, faltaram-nos previdência e autodomínio no trato com diversas situações.

Muitos problemas poderiam ter sido evitados se fôssemos mais cautelosos e se tivéssemos maior controle emocional antes de assumir essa ou aquela atitude impensada.

---

[59] XAVIER, Francisco Cândido. *Nosso Lar*. FEB.

Se fôssemos mais cautelosos, não teríamos talvez assumido esse ou aquele compromisso financeiro, não teríamos iniciado esse ou aquele relacionamento afetivo, enfim não teríamos feito algo que a prudência recomendava evitar.

Somos um tanto inconsequentes, isto é, não costumamos pensar nas consequências que nossas atitudes podem ter. Aliás, acredito que, no fundo, pensamos que elas nunca ocorrerão conosco, somente com os outros. Dirigir embriagado, por exemplo, é um grande perigo, desde que não seja eu o motorista...

Lísias menciona sobre a importância do autocontrole. Temos essa faculdade em nossas mãos e não a utilizamos. Quando alguém diz: "perdi o controle", seria melhor dizer assim: "não quis me controlar", "não quis frear meus impulsos". Se na vida tudo tem consequências, tudo também tem causas, não é mesmo? E a Espiritualidade nos afirma que nós somos a causa de tudo o que nos ocorre.

Precisamos parar de apontar o dedo para os outros e assumirmos a responsabilidade que nos cabe de gerar consequências positivas em nossa vida. E isso somente acontece quando tomamos a previdência e o autocontrole como duas grandes conselheiras de nosso caminho.

Por que não conversamos com elas agora mesmo?

Hoje a festa é sua

Sem fazer disto um pensamento mórbido, todos os dias precisamos pensar na transitoriedade da vida sobre este mundo.

Chico Xavier [60]

Quando o assunto é a morte, geralmente acabamos mudando logo de conversa, dizendo mais ou menos assim: "eu não quero pensar na morte agora, quero aproveitar bem a vida enquanto a morte não vem".

E depois desse raciocínio, continuamos a viver de uma forma tão errada, pois acreditando que teremos um estoque inesgotável de dias pela frente, desperdiçamos as mais belas ocorrências de nossa existência até

---

[60] BACCELLI, Carlos. *Orações de Chico Xavier*. LEEP.

que, um dia, a morte nos retira da vida, exatamente, sem termos aproveitado o melhor da festa.

Diz a canção, anualmente, tocada por uma conhecida emissora de televisão: "Hoje a festa é sua, hoje a festa é nossa, é de quem quiser, quem vier..."

Hoje é a festa, não amanhã, não no ano que vem, não depois que a morte chegar.

A festa está ocorrendo agora em sua casa, em seu trabalho, em sua rua, em sua escola, em sua comunidade. Você está aproveitando? Você está conversando animadamente com as pessoas, está curtindo a música, está fazendo novas amizades, está aprendendo novos conhecimentos? Você está feliz e alegre, como se costuma estar em uma festa? Está fazendo os convidados felizes?

Não espere a festa acabar para começar a viver.

Chico Xavier costumava afirmar que a maior dor do espírito, quando regressa ao mundo espiritual, é a consciência do tempo perdido. Diríamos em outras palavras: é a consciência de não ter aproveitado a festa, ou, na trova de Cornélio Pires:

> *As coroas de finados,*
> *Na campa de quem morreu,*
> *São grandes zeros dourados*
> *Se a vida nada valeu.* [61]

---

[61] XAVIER, Francisco Cândido. VIEIRA, Waldo. *Trovadores do Além*. FEB.

Antes, porém...

Você pede solução a esse ou aquele problema.
Antes, porém, busque suprimir essa ou aquela pequenina dificuldade dos semelhantes.

André Luiz [62]

Nossas mãos vivem suplicando a Jesus por socorro, enquanto Jesus nos convida a estender as mesmas mãos que oram em socorro aos nossos irmãos mais infelizes do que nós.

Nossa voz se dirige ao Alto implorando ajuda para nossas enfermidades, ao mesmo tempo em que o Alto nos solicita amparo aos miseráveis, que sequer podem comprar um simples analgésico.

Nosso pensamento busca o consolo divino para

---

[62] XAVIER, Francisco Cândido. *Ideal Espírita*. CEC.

nossas dores íntimas, e pelo mesmo canal ouvimos o convite que desce das esferas de luz para ouvirmos os que já estão sem forças para murmurar.

Clamamos a Deus que interceda em favor de nossos filhos amados, e, no mesmo instante, Deus nos faz ouvir os gemidos de crianças indefesas e famintas que não têm ninguém sequer que lhes possa fazer uma prece.

Não deixemos de pedir ao Alto tudo aquilo que nos for necessário, mas não nos esqueçamos também de que, para nos conceder algum benefício, a Sabedoria Divina costuma conferir quanto temos de crédito acumulado em nossa contabilidade espiritual.

NOSSO ADVOGADO

Enquanto estamos na tarefa, o braço da misericórdia divina segura a lâmina da divina justiça.

Chico Xavier [63]

Como temos leis que presidem a nossa convivência na Terra, temos também leis espirituais que governam os nossos destinos. Sábio é o homem que procura viver de acordo com os códigos celestes. Chico Xavier sintetiza em um pensamento maravilhoso a mais importante das leis divinas que é a *Lei de Justiça, Amor e Caridade* [64].

Nossas imperfeições, passadas e presentes, geraram um carma negativo por conta dos prejuízos que

---

[63] VIEIRA, Urbano. ABDALA, Dirceu. *Chico Xavier, Fonte de Luz e Bênçãos.* Livraria Espírita Chico Xavier.
[64] *O Livro dos Espíritos*, Cap. XI, item 13, de Allan Kardec.

causamos ao próximo e a nós mesmos. Acionamos o mecanismo da Justiça Divina pela própria consciência que nos pede o acerto de contas com a vida. Nenhum dos males que provocamos ficará sem a devida reparação. Nossa consciência exigirá isso de nós, mais cedo ou mais tarde.

Mas a Lei não é só de Justiça. É também de Amor. Por tal razão Chico Xavier recomenda a vivência do amor ao próximo a fim de que a misericórdia divina segure o braço da justiça, porque Deus não quer o nosso sofrimento puro e simples, Deus deseja que nós amemos.

Certa feita, Chico repassou aos amigos uma lição recebida do mundo espiritual: *Emmanuel está dizendo que existem duas pomadas para curar nossas chagas, provocadas pelos erros do passado: uma é feita pela dor e lágrimas e a outra pelo trabalho e suor. Cada um escolhe a pomada que vai utilizar.* [65]

Daí porque a Lei se completa com a caridade, pois a caridade é o amor em movimento. Somente verdadeiramente ama aquele que serve.

Façamos um balanço de consciência para verificar se o braço da misericórdia divina atuaria como nosso advogado de defesa quando a lâmina da justiça nos

---

[65] Entrevista de Heloísa Pires constante do livro *De Amigos para Chico Xavier*, organização de Divaldinho Mattos, DIDIER.

procurasse. E se alguma dúvida pairar em nossa mente, não hesitemos em usar o quanto antes a pomada do trabalho e do suor, pois como dizia Chico: *O mal não precisa ser corrigido pelo mal quando o bem chega antes.* [66]

---

[66] GRISI, Romeu. SESTINI, Gerson. *Inesquecível Chico*. GEEM.

Autocura

*Não há cura para as nossas doenças da alma,
quando nossa alma não se rende ao impositivo
de recuperar a si mesma.*

Bezerra de Menezes [67]

Chico recebe do amoroso espírito Bezerra de Menezes, que desde a sua última encarnação no Brasil vem se dedicando aos labores da medicina espiritual, valioso ensinamento, referente à pretensão de alcançarmos a cura de nossas moléstias.

Milhares de pessoas, em todo o mundo, suplicam a Bezerra de Menezes socorro para suas dores físicas e morais. Chico nos revela a palavra de orientação da própria Entidade, por meio da qual poderemos trilhar,

---

[67] XAVIER, Francisco Cândido. *Instruções Psicofônicas*. FEB.

com maior segurança, o campo de nossa cura interior.

Quem deseja se curar, espiritualmente, precisa reconhecer que a maioria das moléstias tem as suas causas radicadas em nosso mundo íntimo.

A irritação e a cólera, a leviandade e a maledicência, a crueldade e a calúnia, a irreflexão e a brutalidade, a tristeza e o desânimo, produzem elevada percentagem de agentes destrutivos de nossa harmonia física e mental. [68] A cura, portanto, deve começar de dentro para fora, e isso somente o próprio enfermo poderá fazer.

Dr. Bezerra fala da necessidade de a alma enferma se empenhar em recuperar a si mesma. Recuperar é recobrar algo que foi perdido.

Quando mergulhamos nas faixas do egoísmo, com todas as suas derivações de orgulho, vaidade, inveja e arrogância, nós perdemos, provisoriamente, a conexão com nossa essência divina, amorosa e boa, mantenedora da saúde física. Na busca da cura, precisamos restabelecer essa conexão de amor à vida, a nós mesmos e ao nosso próximo. Em que trecho do caminho nós perdemos essa ligação com o nosso ser divino? Em que momento nós nos tornamos arrogantes, impacientes, invejosos, melindrosos, violentos, inseguros, carentes?

---

[68] Confira o artigo do Dr. Dias da Cruz, intitulado "Alergia e Obsessão", inserto no livro *Instruções Psicofônicas*, psicografia de Francisco Cândido Xavier, FEB.

Recuperar a saúde é recuperar o amor em nós. E quando isso acontece não há espaço para o medo, a raiva, o orgulho e a inveja, causas primárias de quase todas as doenças em nossa vida.

Jesus de Nazaré afirmou que felizes são os mansos, os misericordiosos, os humildes, os de coração puro, os que promovem a paz, os que cumprem a vontade de Deus. [69]

Sem desprezo pelos cuidados médicos a que todos devemos nos submeter, vamos começar agora mesmo o nosso tratamento realizando, inicialmente, um *check-up* para avaliar nossas condições de saúde espiritual, de acordo com os parâmetros estabelecidos no Evangelho.

Estamos com os exames e a receita nas mãos.

A cura vai por nossa conta.

---

[69] Mateus 5, 1:12, *Bíblia Sagrada, Nova Tradução na Linguagem de Hoje*. PAULINAS.

Um conselho

*Se me fosse permitido lhes dar um conselho,
eu lhes diria: abstenhamo-nos de julgar a
quem quer que seja.*

Chico Xavier [70]

De todos os conselhos que Chico Xavier poderia nos dar, do alto de sua indiscutível elevação espiritual, ele escolheu a recomendação de nos abstermos de julgar os semelhantes. Se Chico optou por essa recomendação, podemos deduzir que temos frequentemente esquecido do ensinamento de Jesus de não olharmos para o cisco que está no olho de nosso irmão.

A questão não se resume a mero ensinamento moral. O ato de julgar traz implicações concretas em nossa

---

[70] BACCELLI, Carlos. *O Espírito de Chico Xavier*. LEEP.

vida, pois, de acordo com Jesus, seremos julgados na mesma medida em que julgarmos nossos semelhantes. É uma Lei Espiritual a que poucos dão importância. Quando critico alguém, estou abrindo campo para ser criticado na mesma medida, no momento em que chegar a minha vez de me equivocar. Quando sou intolerante com o próximo, quando não perdoo, dou margem para que intolerantes cruzem meu caminho e sejam implacáveis com meus deslizes.

Muitas influências espirituais negativas nascem no momento em que nos lançamos, impiedosamente, como árbitros da vida alheia. Atiramos pedras, mas estamos com o passado manchado de equívocos. E quando, apesar de nossas quedas, atiramos pedras nos que estão caindo, damos oportunidade para que sejamos alvos das pedradas que partem de nossos desafetos espirituais, companheiros de outras vidas, a quem prejudicamos de alguma forma.

Quem julga se condena.

Quem abençoa e compreende abre caminhos para a felicidade e a paz.

Você é o jardineiro da sua vida

Cada criatura viverá daquilo que cultiva. Quem se oferece diariamente à tristeza, nela se movimentará; quem enaltece a enfermidade, sofrer-lhe-á o dano.

Lísias [71]

Você já pensou que é o jardineiro da própria vida? Que colheremos as flores e os espinhos que cultivarmos?

Que todas as emoções e sentimentos cultivados acabarão germinando na estrada de nossa vida?

Queremos saber do nosso futuro?

Vejamos as sementes que estamos jogando em nosso caminho de agora. Ninguém precisa ir a cartomantes ou adivinhos. Basta examinarmos a própria

---

[71] XAVIER, Francisco Cândido. *Nosso Lar.* FEB.

consciência e conferirmos onde nossos passos estão nos levando.

O que temos feito de bom? No que temos nos omitido?

Que excessos nós estamos nos permitindo?

Que hábitos nós temos cultivado?

Não pergunte às cartas a respeito de seu futuro, pergunte a você mesmo.

Nossas células se alimentam e se acostumam com o teor de nossos pensamentos habituais. Assim surgem os vícios de ordem física e moral.

Há os dependentes de álcool, há também os dependentes de tristeza. Há os que se viciam no fumo, há também os dependentes da queixa. Há os que se entregam às drogas, há ainda os que cultivam a maledicência.

Paremos, portanto, de cultivar os espinhos que não queremos ver no jardim de nossa casa. Plantemos, com palavras, sentimentos e ações, somente as sementes que desejamos ver florescer em nosso caminho. Hoje é o melhor dia para começar a poda e a plantação.

Essa é a lição que nos chega do mundo espiritual pela abençoada mediunidade de Chico Xavier. Sejamos um bom jardineiro, portanto, porque, no fundo, estaremos sempre cuidando de nosso próprio jardim.

O QUE LHE SOBRA

Todo desperdício é contra a Lei do Equilíbrio.
Tudo o que estiver sobrando em nossa casa, está fazendo falta em algum lugar.

Chico Xavier [72]

Chico Xavier fala na existência da *Lei do Equilíbrio*, uma lei espiritual que nem sempre é lembrada e observada por nós. O Universo somente se sustenta com base nessa Lei, porque a Justiça Cósmica restaura tudo aquilo capaz de colocar em risco o equilíbrio na Terra. Uma das formas pelas quais se atenta contra a Lei do Equilíbrio é o desperdício. Muitas das carências que hoje sofremos são os desperdícios do passado.

---

[72] SILVEIRA, Adelino. *Momentos com Chico Xavier*. Grupo Espírita da Paz, Mirassol.

O que nos sobra sem utilidade é carência para muitos. Assim, o desequilíbrio vai surgindo em nosso caminho por conta das vezes em que o nosso raciocínio não levara em consideração a doação, a generosidade e a caridade.

Comparemos o universo ao corpo humano. O sangue se equivale aos recursos com os quais Deus nos sustenta a vida. O sangue precisa de circulação. Nossos bens também.

Quando o sangue para de circular, ocorre gangrena que pode levar à morte.

Todas as vezes em que interrompemos a circulação dos bens que Deus nos concedeu, sejam eles materiais ou espirituais, causamos uma espécie de gangrena em nossa vida, com o surgimento de problemas de ordem econômica, afetiva e espiritual.

Nas Leis Espirituais, somente recebe quem dá, somente é rico quem multiplica, somente é sábio quem reparte o seu conhecimento.

Com Deus, menos é mais.

Nestes minutos com Chico Xavier, aproveitemos para refletir a respeito do que estamos desperdiçando em nossa vida. Bens materiais? Tempo? Oportunidades? Capacidades? Saúde? Amizades? Família?

O que hoje nós não valorizamos amanhã nos fará muita falta.

Em busca da paz

A paz resulta do equilíbrio e não da inércia.

Joana Angélica [73]

O mundo espiritual nos brinda com precioso ensinamento. Estamos todos em busca da paz. Mas onde encontrá-la? A lição de Madre Joana Angélica afirma que não a encontraremos na inércia.

Muitas vezes procuramos em vão pela paz nos campos da ociosidade. Para muitos, ter paz é não ter obrigações a cumprir, é não ter parentes a suportar, é não ter que trabalhar ou estudar, é não se defrontar com qualquer espécie de desafio.

A lição espiritual é clara ao nos afirmar que a paz não vem do comodismo, da inércia, da inatividade.

---

[73] XAVIER, Francisco Cândido. *Falando à Terra*. FEB.

Quem permanecer nesse estado por muito tempo encontrará não a paz, mas sim intensa perturbação interior.

A paz nasce do equilíbrio e equilíbrio pressupõe a ideia de movimento ordenado de nossas forças. Nem ociosidade, nem açodamento. Nem tão depressa, nem tão devagar.

Vamos assim refletir sobre a maneira como estamos nos comportando na vida. Estou me movimentando em busca das minhas aspirações ou estou na inércia?

Temos nossos sonhos, porém muitos estão de braços cruzados. Se estiver de fato lutando, devo me questionar se me movimento com equilíbrio. Estou fazendo o que é preciso ser feito?

"Não passei no exame", mas será que estudei o suficiente?

"Ninguém me ama", mas será que estou sendo uma pessoa amável?

"Ninguém me compreende dentro de casa", mas será que eu aceito as pessoas de minha família como elas são?

Dizem os Amigos Espirituais que a paz somente é possível quando temos a consciência do dever bem cumprido. Será que podemos colocar a cabeça no travesseiro e dormir em paz?

Muitos, porém, não vivem em paz porque estão em um movimento exagerado, apressado, estressante.

Não vivem a recomendação de Jesus: *Não fiquem preocupados com o dia de amanhã, pois o dia de amanhã trará as suas próprias preocupações. Para cada dia bastam as suas próprias dificuldades.* [74] Quanta paz nós sentiríamos se nos ocupássemos, de corpo e alma, com as tarefas de cada dia. Estaríamos tão compenetrados com as experiências de cada minuto que não teríamos tempo para as inúteis preocupações com o amanhã. Evitaríamos muitos distúrbios de ansiedade, pânico e fobias com essa orientação de Jesus, desse mesmo Jesus de quem não ouvimos as lições, mas à frente de quem estaremos ajoelhados amanhã, pedindo que nos dê um pouco de paz no coração.

---

[74] Mateus, 6:34, *Bíblia Sagrada, Nova Tradução na Linguagem de Hoje.* PAULINAS.

COMO ENXERGAMOS?

Meu Deus, a vida é tão bela!
Uma folha de qualquer planta vista com os olhos da
fé é uma página tão bela quanto Shakespeare.

Chico Xavier [75]

Ao ler este pensamento de Chico, ocorreu-me o que Jesus disse a respeito da forma pela qual olhamos a vida: *Os olhos são como uma luz para o corpo; quando os olhos de vocês são bons, todo o seu corpo fica cheio de luz. Porém, se os seus olhos forem maus, o seu corpo ficará cheio de escuridão.* [76]

Chico tinha olhos bons, olhos espirituais, porque os materiais eram doentes. Nós, ao contrário, temos,

---

[75] COELHO, Maria Gertrudes. *Chico Xavier, Coração do Brasil*. Lírio Editora Espírita.
[76] Mateus 6, 22-23, *Bíblia Sagrada, Nova Tradução na Linguagem de Hoje*. PAULINAS.

na maioria das vezes, boa visão física, mas espiritualmente nossos olhos não conseguem captar as belezas que Chico Xavier observava, e fazia isso não pelas telas mediúnicas, mas pelas lentes do homem comum. Ele se encantava com uma simples folha de planta, extasiava-se.

Havia em Chico uma predisposição para captar a beleza que se esconde em tudo o que foi criado por Deus. Por isso ele dizia que a vida era tão bela. Era bela porque Chico procurava a beleza nas pessoas e em tudo à sua volta. Quantas vezes ele, enternecido, beijava leprosos e mendigos com feridas purulentas, abraçava presidiários, beijava a mão de adversários. Todos eram irmãos queridos, credores de sua admiração e respeito.

Precisamos refletir a respeito da forma pela qual estamos enxergando a vida.

Qual é a nossa predisposição?

O que estamos decididos a encontrar?

Divisar a beleza da vida ou a maldade do mundo?

Procurar os defeitos das pessoas ou ressaltar-lhes os talentos?

Focalizar as oportunidades ainda inexploradas ou as portas que se fecharam?

Agradecer pelos amigos que o compreendem e o apoiam ou se queixar da incompreensão de alguns poucos?

Acreditar na esperança ou cultivar o desespero?

Recordemos Jesus ao afirmar que os olhos maus nos levam à escuridão, isto é, levam-nos a uma forma de viver muito sofrida. A felicidade é muito mais uma questão de saber olhar a vida do que, propriamente, aquilo que nos acontece na vida.

Chico era feliz porque tinha um bom olhar.

E quanto a nós, já conseguimos enxergar quanta beleza há em nossa vida?

MISSÃO DOS PAIS

Os pais da Terra não são criadores e sim os zeladores das almas, que Deus lhes confia no sagrado instituto da família.

O Guia [77]

A mensagem vinda das mais altas Esferas Espirituais traz um enfoque diferente à relação pais e filhos.

Os pais geralmente se acham criadores e donos da prole, quando na verdade os filhos são, antes de tudo, filhos de Deus, o único Criador de todos nós. Sob o ponto de vista da genética espiritual, os filhos são nossos irmãos, e Deus o Pai Criador de todos nós.

---

[77] XAVIER, Francisco Cândido. *Cartas de uma Morta, Maria João de Deus.* LAKE.

Isso não diminui a importância dos genitores, ao contrário, revela que Deus lhes confiou uma tarefa toda especial que é a de zelar pela vida do outro. Somente delegamos um trabalho especial a outro quando temos total confiança nessa pessoa. E se Deus confia seus filhos amados aos nossos cuidados, é porque Ele sabe que poderemos nos desincumbir da tarefa com êxito e vivenciarmos uma experiência amorosa sem precedentes.

Lembremos disso da próxima vez em que estivermos preocupados com os problemas daqueles a quem Deus nos deu a missão de zelar. Os pais biológicos nunca estarão sozinhos no exercício da missão educadora da prole. Eles precisam se sentir parceiros de Deus, porque qualquer problema ou dificuldade com nossos filhos interessa, primeiramente, ao Pai que os criou.

O Guia Espiritual ainda nos diz que os pais são os zeladores das almas dos filhos, isto quer dizer que a Espiritualidade ressalta a importância de os genitores não se preocuparem apenas com a saúde física, mas também, e principalmente, com a saúde moral das crianças, alimentando-lhes a alma com amor, afeto e disciplina.

Zelar pela alma dos filhos é muito mais do que simplesmente lhes proporcionar boa escola, comida balanceada, prática de esportes e diversão. É oferecer a eles um pedaço de nossa própria alma. E isso somente se faz por meio de exercícios de amor, renúncia e dedicação.

Não poderemos ter filhos para que sejam criados por empregados, professores ou avós. Os pais não são animais reprodutores, por isso não podem esquecer que assumiram, perante Deus, uma das tarefas mais importantes de suas vidas, que é a de levar um ser da completa dependência à mais completa liberdade.

Um dia devolveremos nossos filhos biológicos ao verdadeiro Pai. Que esse dia seja um dia de paz em nossa consciência.

A PALAVRA ENFERMA

Em todas as ocasiões em que elevei o tom de voz para falar com alguém, fui para a cama depois. A palavra adoece a gente.

Chico Xavier [78]

Aprendemos com Chico Xavier a respeito dos perigos da palavra agressiva. A palavra tem potencial vibratório equivalente ao sentimento de quem a profere. A palavra que fere agride primeiramente quem a profere. Quando pronunciamos palavras ofensivas, carregadas de ódio, raiva, irritação ou ironia, formamos em torno de nós um campo de vibrações negativas que poderá afetar nossa saúde, e ainda atrair energias negativas equivalentes. Não nos esqueçamos de que os semelhantes se atraem.

---

[78] BACCELLI, Carlos. *Orações de Chico Xavier.* LEEP.

Chico Xavier escreveu um dicionário de palavras sempre gentis, amáveis, profundamente evangelizadas. Isso foi percebido pelo jornalista Marcel Souto Maior em excelente biografia sobre Chico: *No seu mundo não havia prostitutas, mas 'irmãs vinculadas ao comércio das forças sexuais'. Os presos eram 'educandos', os empregados eram 'auxiliares', os pobres eram 'os mais necessitados', os mongoloides eram 'nossos irmãos com sofrimento mental', os adversários eram 'nossos amigos estimulantes' e os maus eram os 'ainda não bons'.* [79]

Muitas influenciações espirituais negativas iniciam-se nos instantes em que usamos a palavra como arma agressiva ou de escárnio. O silêncio, nessas horas, não é só ouro, como diz o dito popular, mas é também saúde e paz em nosso caminho. Consideremos sempre a possibilidade de haver alguém, aqui ou no além, que esteja vibrando contra a nossa felicidade, por conta de nosso passado de erros e imperfeições.

Essa vibração que nos ronda talvez esteja somente esperando uma oportunidade de grudar em nós pela sintonia de frequência. E essa oportunidade se abre todas as vezes em que machucamos alguém com o chicote da língua. André Luiz, pela mediunidade de Chico Xavier, escreveu que *o mal não merece comentário*

---

[79] MAIOR, Marcel Souto. *As vidas de Chico Xavier*. Planeta.

em tempo algum.[80] Portanto, aprendamos com Chico a utilizar sempre o dicionário da bondade, a fim de que o mal não nos encontre com a boca aberta.

---

[80] XAVIER, Francisco Cândido. *Agenda Cristã*. FEB.

USE O EXTINTOR
EM CASO DE INCÊNDIO

Convém lembrar que os nossos ouvidos podem ser transformados em extintores do mal, todas as vezes em que o mal nos procure.

Emmanuel [81]

O mal pode também nos procurar pela porta de nossos ouvidos: a calúnia, a notícia distorcida, o preconceito, o destaque aos aspectos negativos de pessoas e fatos, o pessimismo, a exaltação da vingança, o comentário irônico, a exploração das tragédias, e tantas outras formas que nos perturbam a tranquilidade íntima. Muitas doenças físicas nascem a partir do que entrou, francamente, em nossos ouvidos.

---

[81] XAVIER, Francisco Cândido. *Calma*. GEEM.

O conselho espiritual de Emmanuel adverte da utilização dos ouvidos como extintores do mal, apagando as labaredas das palavras e ideias, capazes de provocarem incêndio em nossas emoções. Trocando em miúdos, Emmanuel quer dizer que precisamos filtrar as informações que chegam aos nossos ouvidos, impedindo que o mal nos penetre e incendeie nossa vida. Não deixemos entrar nada que não edifique o bem em nós. Filtremos, depuremos, decantemos as palavras malignas e as ideias perturbadoras de nosso equilíbrio.

É possível que ainda hoje o mal vá nos procurar, se é que já não o encontramos em algum lugar. Impossível evitá-lo. Não dar ouvidos ao mal é não dar importância a ele, é não acolhê-lo em nossa esfera íntima, para depois não termos o trabalho de lidar com as consequências negativas que ele produzirá em nosso caminho. O mal sempre nos faz mal. Um segundo de invigilância pode nos custar dias de perturbação.

Inevitavelmente, chegarão até nós pessoas perturbadas, notícias alarmantes, casos sensacionalistas, falsos comentários, calúnias. Mantenhamos nossos ouvidos cerrados a fim de que o mal não encontre a porta aberta e resolva ficar conosco.

Só o bem nos faz bem.

Use o extintor em caso de incêndio.

NÃO INFERNIZE SUA VIDA

... Deus nos criou para a harmonia, para a felicidade. Agora, nós criamos os mecanismos do sofrimento, da expiação, em nós mesmos. O inferno reside em nossa própria mente, quando nós infernizamos a nossa vida, quando entramos num processo de culpa intensivo, absoluto, conscientemente nós estragamos nossa vida cerebral, o nosso mundo mental.

Chico Xavier [82]

Chico nos oferece diretrizes seguras para uma sincera análise do sofrimento em nossa vida.
A ideia inicial é a de que a dor não vem de Deus. Não existe castigo divino, Deus não está distribuindo prêmios ou castigos aos seus filhos.

---

[82] *Chico Xavier, dos hippies aos problemas do mundo*, FEESP.

Deus nos criou para a harmonia e a felicidade, e fez isso porque nos ama. E quem ama quer ver a pessoa amada bem. Imaginemos o tamanho do amor de Deus por nós. Nesse amor não tem espaço para ódios, vinganças e castigos.

Com Chico aprendemos que a dor nasce quando "infernizamos nossa vida", ou seja, quando vivemos longe do céu que Jesus nos apresentou em seu Evangelho. Esse "céu" não é um lugar, uma região astral, é um estado de espírito que se alcança quando o amor se torna o eixo central de nossa vida, e a partir dessa tomada de posição, nós automaticamente nos tornamos mais caridosos, compassivos, tolerantes, humildes e dotados de uma incrível alegria de viver.

Quando, porém, vivemos em função do desamor, caímos nas garras do egoísmo e passamos a infernizar nossa vida infernizando a vida do próximo. Do egoísmo nasce todo o mal de nossa vida. [83]

Quando passamos por cima dos direitos e sentimentos alheios, quando nos julgamos maiores ou melhores do que os outros, acabamos criando um verdadeiro inferno em nossa consciência, pois é nela que as Leis Divinas se acham gravadas. A consciência entra em processo de culpa e nosso mundo mental se

---

[83] Consulte *O Livro dos Espíritos*, questões 913 a 917, em que o assunto é ricamente tratado.

desequilibra, proporcionalmente, em nível do mal que geramos na vida de nossos semelhantes.

    O mal pode nos fazer, momentaneamente, um bem aparente. Mas, depois que a consciência acusar o equívoco, e isso acontecerá, mais dia, menos dia, entraremos naquele período comumente chamado de "inferno astral", que nada mais representa do que o inferno consciencial gerando dor e sofrimento, tal como um vulcão em erupção que lança de si as lavas incandescentes, arrasando toda a vegetação ao redor.

    Para sair do inferno e entrar no céu, precisamos adquirir o passaporte do amor. Está à venda agora mesmo na loja de seu coração.

A FORÇA DO IDEAL

O ideal do bem é a tua força.
Serve a todos e a vitória começará em ti mesmo.

Nina Arueira [84]

Para vencer os desafios do caminho precisamos de muita força interior. Coragem, otimismo, paciência, perseverança, dinamismo são armaduras que nos ajudam a vencer as batalhas da vida.

Mas onde encontrarmos essas armas? A Orientação Espiritual afirma que é no ideal do bem que acharemos nossa força íntima.

A pessoa dotada de um ideal superior suporta as mais duras provas, tudo em nome dos nobres objetivos que acalanta.

---

[84] XAVIER, Francisco Cândido. *Mãos Marcadas*. IDE.

Um pai é capaz de fazer qualquer sacrifício para adquirir remédio a um filho enfermo. Onde o pai encontra forças? No ideal de salvar o filho da enfermidade.

Um cientista é capaz de despender anos e anos debruçado em extenuantes pesquisas, pelo ideal de minimizar o sofrimento humano.

Um atleta não medirá esforços para se submeter a longos e cansativos treinamentos pelo ideal de vencer uma prova olímpica.

Muitos sofrem de um terrível mal chamado vazio existencial.

Nossa vida não pode se resumir à conquista de valores materiais perecíveis. Precisamos preenchê-la também de ideais nobres, superiores, sentir que nossa vida é importante para o próximo, e que este próximo não seja apenas alguém de nossa família.

Quanto mais iluminamos a vida do próximo, mais a nossa vida se ilumina também. Quanto mais nos apagamos para nossos irmãos de caminhada, mais a nossa vida se obscurece de alegria.

Quando vamos dormir, será que alguém endereça a Deus uma prece de gratidão por nós, por algum gesto nobre de nossa parte?

Os ideais nobres são como as velas de um barco, que nos levam para bem longe do tédio e da depressão.

Será que não está na hora de içar velas?

PERIGOS DA REBELDIA

Vivemos como criaturas que se suicidam pouco a pouco, todo dia um suicidiozinho. Um ato de rebeldia, uma reclamação indébita, um ponto de vista infeliz. Atraímos vibrações negativas e operamos sobre nós esse suicídio lento, indireto...

Chico Xavier [85]

Precisamos nos acautelar para os perigos desse suicídio lento, a que Chico se refere. Nossas queixas, reclamações, comentários maledicentes e pessimistas podem ser equiparados a verdadeiras bombas lançadas em nossa trilha, arrasando a saúde e a paz.

Quantas doenças permanecem ativas, apesar dos esforços médicos, porque o remédio tenta em vão

---
[85] BACCELLI, Carlos. *Chico Xavier, à Sombra do Abacateiro*. IDEAL.

reparar um mal que em nós não cessa, pela negatividade que assumimos diante da vida. Com tal atitude estamos nos matando aos poucos, como se tomássemos uma diminuta dose de veneno todos os dias.

Quantos problemas nós já poderíamos ter superado não fosse a nossa rebeldia perante a vida, que decorre da falta de aceitação das pessoas e dos fatos à nossa volta.

O rebelde não é cooperativo, quer que as coisas sejam de seu modo, não tem flexibilidade e humildade, por isso vive atolado em problemas que terminam por enfraquecer suas resistências físicas, vivendo em quase completo esgotamento. Daí porque, provavelmente, viverá na Terra menos do que poderia viver.

Deus não nos colocou no planeta para criticarmos a sua obra. Não somos fiscais e sim cooperadores de Deus. Aqui estamos para aperfeiçoar a Criação pelo nosso próprio aperfeiçoamento.

Então, vamos positivar a nossa vida, atraindo o bem, trocando a crítica pelo elogio, a queixa pela gratidão, a revolta pela tolerância, a reclamação pelo serviço.

E o melhor momento para começar tudo isso é agora mesmo.

Você conhece a sua felicidade?

Deus nos dá ditosa e bela,
Doce alegria ao caminho,
Mas nós queremos aquela
Que mora no lar vizinho.

Artur Ragazzi [86]

Pierre Daninos, conhecido escritor francês, teve a oportunidade de escrever que as pessoas não conhecem a própria felicidade, mas a dos outros não lhes escapa nunca. Como consta da trova psicografada por Chico, geralmente preferimos a felicidade que mora no lar vizinho.

Uma das mais ferrenhas inimigas da felicidade é

---

[86] XAVIER, Francisco Cândido. *Trovadores do Além*. FEB.

a comparação. É preciso evitá-la, pois nós costumamos nos sentir diminuídos perante aqueles que, segundo a nossa limitada visão, possuem mais do que nós. E se fôssemos indagá-los se realmente são felizes, provavelmente ouviríamos em resposta a referência a alguém mais feliz do que eles.

É preciso ter olhos de ver para as bênçãos que já moram conosco. Contentamento e gratidão são chaves que nos abrem as portas da felicidade. Pense que muita gente gostaria de estar em seu lugar para ter a vida que você tem. Isso não é simplesmente um consolo, é um remédio que nos ajuda a curar a doença da insaciabilidade, de terríveis consequências em nossa vida.

Já reparou que, por mais nos esforcemos, por mais conquistemos, nada nos satisfaz? Parece que sempre está faltando alguma coisa em nossa vida, sobretudo quando a inveja nos dá um terrível torcicolo, e somente conseguimos olhar para o lado de quem sempre tem muito mais do que nós...

A inveja nunca nos deixará viver feliz, pois não conseguimos nos sentir bem com o que temos e o que somos.

É claro que poderemos ter aspirações de progresso em todos os níveis de nossa vida, mas essa escalada somente será possível se valorizarmos a porção de felicidade com a qual já fomos contemplados. Tiremos o pescoço da casa alheia e olhemos, com boa vontade, para as riquezas que já possuímos, sejam essas riquezas materiais, afetivas, familiares ou espirituais. Se fizermos isso, chegaremos à conclusão de que somos cegos sentados em cima do tesouro.

Tiremos logo essa venda.

Cura da obsessão

Quem quiser estudar, orar, cumprir com os próprios deveres e trabalhar em auxílio dos outros, principalmente daqueles que atravessam dificuldades e provações maiores que as nossas, alcança libertação e tranquilidade, com toda certeza, porque os nossos adversários desencarnados são sensíveis às nossas palavras, mas só se transformam para o bem com apoio em nossas próprias ações.

Chico Xavier [87]

Sem fazer disso motivo de pânico, o homem precisa considerar a possibilidade de contar com adversários domiciliados no mundo espiritual. Na maioria das vezes, esses espíritos são nossos conhecidos; gente que conosco conviveu nesta ou em outra

---
[87] *No mundo de Chico Xavier*, entrevistas, IDE.

existência e que guardou algum ressentimento por algo que lhe fizemos e ainda não foram capazes de nos perdoar. Eles não nos querem felizes, porque eles mesmos também não estão felizes presentemente. Sofrem, e por isso querem nos fazer sofrer.

Como impedir que eles nos atinjam? Qual seria o método mais eficiente de defesa espiritual? Chico Xavier expõe a receita espírita: *estudo, oração e trabalho no bem.*

Precisamos estudar as coisas relacionadas ao espírito, tanto quanto estudamos os mais variados aspectos da vida material.

Há muita gente letrada, pós-graduada, falando vários idiomas, mas espiritualmente analfabeta. Pouquíssimas têm respostas para as grandes questões da vida: Quem sou eu? De onde vim? Para onde vou após a morte? O que é a vida na Terra? Que missão me cabe realizar enquanto aqui estiver?

Chico faz menção ainda à oração como terapia defensiva contra o assédio do mal. Quem ora eleva seu padrão de energia, pairando em faixa superior àquela onde se encontram nossos desafetos. É como mudar a estação de rádio. Giramos o botão de sintonia e passamos a captar outra onda. Quem faz da prece um hábito, fica sintonizado na estação transmissora divina, não captando ondas de frequência inferior.

A receita termina com o remédio do trabalho no bem. Ao ocuparmos nossa mente, no desempenho reto de nossas tarefas, fechamos espaço para as sugestões infelizes que partem de seres desencarnados.

E quando nós realizamos esse trabalho no bem, que beneficia aqueles que passam por dificuldades maiores do que as nossas próprias dificuldades, nós sensibilizamos os inimigos astrais, pelos nossos exemplos de amor e abnegação, pois mostramos a eles que somos criaturas esforçadas no bem, e que, se no passado estivemos caídos no mal, hoje estamos nos levantando, a fim de repararmos os próprios equívocos, pelas asas da caridade.

Dentre todas as receitas que andam no mundo para a cura das obsessões, as prescrições de Chico Xavier foram tiradas diretamente do Evangelho de Jesus, e por isso carregam as genuínas forças de libertação de nossos vínculos com as trevas.

É só experimentar.

ABENÇOE SUA VIDA

Abençoe a vida e a vida lhe abençoará a existência.

André Luiz [88]

Hoje se fala muito na Lei de Atração. Trata-se de nova nomenclatura para antigo princípio constante do Evangelho: *cada um será recompensado de acordo com o que fez.* [89]

Atraímos o que damos, recebemos o que oferecemos. E damos não apenas coisas, mas também tudo que oferecemos à vida por meio de atitudes, palavras e pensamentos. Tudo isso forma o conjunto de nossas ações que acabará por atrair situações assemelhadas.

---
[88] XAVIER, Francisco Cândido. *Respostas da Vida*, I. DEAL.
[89] Mateus, 16:27. *Bíblia Sagrada, Nova Tradução na Linguagem de Hoje.* PAULINAS.

Ninguém poderá pretender, em sã consciência, uma vida melhor sem gerar causas melhores. Por isso, a palavra de Jesus não é somente consolação para nossos corações feridos. É também um desafio para nossa existência.

A orientação de André Luiz segue o princípio evangélico de que primeiro precisamos "dar" para depois cogitarmos em "receber". Muitos pretendem uma vida melhor amaldiçoando a vida que tem. Quem almeja a bênção carece primeiramente abençoar.

Se estivermos enfermos, antes de reclamarmos da doença, vamos abençoar nosso corpo com palavras de carinho e gratidão.

Se estivermos com problemas no lar, vamos abençoar o familiar difícil, com a aceitação e o elogio dos aspectos positivos que ele apresenta.

Se o trabalho nos parece um fardo difícil de carregar, vamos abençoá-lo com maior soma de agradecimento, pelo sustento e o desenvolvimento que ele nos proporciona.

A vida pode ser comparada a uma conta-corrente: você só pode sacar se tiver alguma importância depositada. Se nós desejamos um rio de bênçãos em nossa vida, é melhor começar abençoando o copo de água que nos mata a sede.

VOCÊ ESTÁ CASADO COM OS SEUS SONHOS?

Deus permitiu que nessa encarnação eu me casasse com o Espiritismo. Os livros são os meus filhos!

Chico Xavier [90]

Chico Xavier é um fenômeno extraordinário. Fenômeno na mediunidade, na popularidade, na caridade, na produção literária, na simplicidade, na sabedoria e no amor. Embora nunca tivesse feito propaganda de si mesmo, Chico conquistou notoriedade indiscutível, além das fronteiras do Espiritismo, sendo admirado e respeitado por profitentes das mais diversas religiões.

E isso se explica por uma fórmula simples que ele

---

[90] SOUZA, Cesar Carneiro. *Valiosos Ensinamentos com Chico Xavier*. IDE.

mesmo nos legou: "Eu me casei com o Espiritismo". Chico queria dizer que ele amava o Espiritismo, vivia o Espiritismo, respirava o Espiritismo, doava-se ao Espiritismo, tal qual faz uma pessoa casada que ama seu cônjuge.

Aí está o segredo do sucesso em todas as áreas de nossa existência. Um médico somente terá êxito profissional se estiver casado com a medicina. O professor de sucesso é aquele que se casou com a sala de aula. O atleta consagrado é aquele que se casou com o esporte. O escritor de renome é aquele que se casou com a literatura.

Façamos uma análise de nossa vida e nos perguntemos: Nas questões que ainda não atingimos os objetivos desejados, não estaria faltando contrair o matrimônio com nossos sonhos?

Ajuda aos que partiram

Enquanto choras o morto querido, planta uma árvore benfeitora ou faze um gesto de caridade: tuas lágrimas não terão de todo corrido inúteis.

Marquês de Maricá, Espírito [91]

Impossível, às vezes, evitar as lágrimas de saudade ante a lembrança de entes queridos que já retornaram ao mundo espiritual. A orientação que Chico recebe dos Bons Espíritos nos sugere colorir nosso pranto com as tintas da caridade.

Quase sempre, os que chegam ao outro lado da vida constatam, amargamente, que foram omissos no bem, que pouco ou quase nada realizaram em favor do próximo. Concluem, embora tarde, que não bastava não

---

[91] XAVIER, Francisco Cândido. *Falando à Terra*. FEB.

ter feito o mal, era preciso ter feito o bem. Não fazer o mal é uma obrigação legal de todos nós, não é uma virtude propriamente dita.

Ao chegarmos ao outro lado da vida, nossa consciência apurará não apenas o mal que evitamos, mas, sobretudo o bem que fizemos. A omissão no bem nos dará uma pesada sensação de que nossa vida poderia ter sido mais útil junto à comunidade que Deus nos plantou.

Por essa razão, a melhor maneira de ajudarmos os entes amados que partiram será pelos nossos gestos caridosos em benefício da memória deles. No lugar, por exemplo, de estamparmos fotos de familiares queridos em camisetas, poderíamos, em nome deles, distribuir alimentos, agasalhos e remédios aos necessitados. Aos pais que perderam filhos em tenra idade, o melhor socorro a eles e a nós próprios será dedicarmos o nosso tempo aos filhos esquecidos nas ruas e nos orfanatos.

Somente fazendo assim, as nossas lágrimas nos afastarão do desespero e farão um clarão de luz no caminho espiritual daqueles que continuam precisando de nosso amor, além da morte.

Parentesco

*Ninguém possui sem razão esse ou aquele
laço de parentesco, de vez que o acaso não existe
nas obras da Criação.*

Emmanuel [92]

A Justiça Divina preside a formação de nossa parentela – essa é a explicação de Emmanuel, Guia Orientador de Chico Xavier. Ninguém que partilhe de nossa experiência na família que nos seja alguém desconhecido, ao longo de nossas múltiplas vivências, ao longo da eternidade. Isso percebeu o poeta Álvaro Martins:
*Não guardes antipatias,
Paz é luz na vida sã.
Inimigo de hoje em dia,
Parente nosso amanhã.* [93]

---
[92] XAVIER, Francisco Cândido. *Leis de Amor*. FEESP.
[93] XAVIER, Francisco Cândido. *Idéias e Ilustrações*. FEB.

O lar é palco de muitos reencontros. Reencontros de almas abnegadas que nos foram amigas benfeitoras em outras épocas. Reencontros de almas, cuja convivência se revela difícil porque restaram conflitos de outros tempos, pedindo solução no presente.

A reencarnação nos possibilita fortalecer os laços de amizade, já iniciados em vidas anteriores, e desatar os nós de ódios e mágoas que vieram de nosso passado espiritual.

Os parentes difíceis são os credores do amor que ontem não soubemos lhes dar. Eles retornam ao nosso lar na condição de filhos rebeldes, cônjuges desorientados, pais autoritários, irmãos agressivos.

Aproveitemos a experiência na família para desfazer essas antigas marcas do desamor, e isso somente ocorrerá se trabalharmos pela felicidade de todos, fazendo o melhor ao nosso alcance.

Não deserte de suas responsabilidades dentro da família, sob pena de perder a oportunidade que Jesus lhe concedeu para reconciliar-se com seus desafetos. A separação pode ser uma saída de emergência, mas nunca a primeira porta pela qual deveremos entrar. Jamais seremos felizes se alguém estiver, por justo motivo, derramando uma lágrima de tristeza e ódio por nossa causa.

Ninguém ascende ao topo da montanha se ainda estiver acorrentado no vale da discórdia. A qualquer compromisso adiado, sem justa razão, serão computados juros de mora e correção monetária.

O ESSENCIAL

As orientações básicas de que necessitamos estão, todas, consubstanciadas no Evangelho. O que nos falta é segui-las. Há quase 2000 anos esperamos por novidades. Que novidades queremos?

Chico Xavier [94]

O Brasil tem a maioria de sua população católica. Nosso país tem a população mais espírita do planeta. O número de profitentes nas igrejas evangélicas cresce, consideravelmente, a cada dia. Somos uma pátria genuinamente cristã. Jesus está nos quadros e molduras das igrejas, o crucifixo anda pendurado em nossas correntes, o Evangelho está aberto em nossos lares, o nome de Jesus é pronunciado em canções e orações diárias. A *Bíblia* é o livro mais vendido em todo o mundo.

---

[94] BACCELLI, Carlos. *Doutrina Viva*. DIDIER.

E por que vivemos ainda tão infelizes? Por que falta tanto amor? Por que ainda estamos à busca de novos gurus e rituais? Chico Xavier responde ao afirmar, que ainda não nos decidimos por seguir Jesus. O Mestre afirma que é o caminho, mas nós preferimos os atalhos do egoísmo.

O Evangelho consola, sim, mas também representa para nós um desafio, desafio de sairmos da zona de conforto.

Jesus não pode ser para nós um quebra-galho, alguém de quem nos lembramos quando estamos em perigo, perigo que poderia ter sido evitado se seguíssemos os seus ensinamentos.

Não podemos ser apenas ouvintes da palavra, precisamos vivê-la para encontrar a felicidade. Ouçamos Jesus no seu Evangelho: *Não é toda pessoa que me chama de 'Senhor, Senhor' que entrará no Reino dos Céus, mas somente quem faz a vontade de meu Pai, que está no céu.* [95]

Entrar no Reino dos Céus, que quer dizer, entrar no reino da alegria, da paz, da saúde e da felicidade, somente será possível quando fizermos a vontade de Deus.

Por acaso, você já se perguntou qual seria a vontade de Deus para sua vida? O que Deus quer que você faça? Como Deus gostaria que você agisse no lar, no trabalho, no relacionamento com o próximo?

Essas são as questões essenciais de nossa vida.

---

[95] Mateus, 7:21, *Bíblia Sagrada, Nova Tradução na Linguagem de Hoje.* PAULINAS.

Vida boa

*Egoísmo alimenta a boa vida.
Caridade enriquece a vida boa.*

Scheilla [96]

Nós queremos a boa vida ou a vida boa? Essa é a questão que a Benfeitora Scheilla nos propõe a refletir.

Nem sempre a boa vida significa vida boa. Muitos estão na boa vida do egoísmo, do vício, da indisciplina, do crime, da preguiça, da corrupção e da ignorância. Hoje gozam a boa vida. Logo mais experimentarão a má vida.

Ao caminhar para a universidade, deparava-me, frequentemente, com muitos alunos bebericando nos

---

[96] XAVIER, Francisco Cândido. *Comandos do Amor*. IDE.

bares dos arredores. Aparentemente estavam alegres, festivos, curtiam a boa vida. Mas na hora da prova, do concurso, na vida profissional, somente tiveram a vida boa os que se dedicaram com afinco aos estudos.

O egoísmo está na raiz de todos os nossos males. E a Espiritualidade nos diz que o egoísmo alimenta a boa vida. Cuidado. O egocentrismo nos faz desrespeitar o próximo para atender às nossas necessidades. Com isso teremos a boa vida, mas nunca a vida boa, porque o mal que fizermos a alguém, nós faremos primeiramente a nós mesmos.

O egoísmo tem muitos filhos, como o orgulho, a inveja, a cobiça, a crueldade, a violência e o desrespeito pelo próximo. Nada disso poderá resultar em bem verdadeiro em nossa vida. O mal não é capaz de produzir o bem.

Por isso, vale à pena considerar o conselho espiritual de Scheilla para levarmos a vida boa desde já. E faremos isso todas as vezes em que a caridade enriquecer nossas atitudes.

A caridade também tem muitos filhos, como o perdão, a tolerância, a compaixão, a generosidade, o otimismo e a alegria. É sempre melhor ficar ao lado do bem, ainda que tal comportamento nos custe a incompreensão do mundo, pois sabemos que esse é o gostoso preço que se paga pela vida boa que tanto almejamos.

Supérfluo e necessário

Uns queriam um emprego melhor; outros, só um emprego. Uns queriam uma refeição mais farta; outros, só uma refeição. Uns queriam uma vida mais amena; outros, apenas viver.

Chico Xavier [97]

A insatisfação é um dos espinhos que mais nos ferem na jornada. É um espinho que tem um anestésico que nos retira a sensibilidade para a felicidade que já possuímos.

Quando a insatisfação se torna um modo de viver, parece que nada tem o poder de nos satisfazer. Acabamos de comprar determinado objeto e já estamos de namoro com outro mais moderno. Conquistamos o

---

[97] SILVEIRA, Adelino. *Momentos com Chico Xavier.* Grupo Espírita da Paz, Mirassol.

emprego tão sonhado, e um vazio interior já nos remete os olhos para outra atividade profissional.

O insatisfeito crônico, geralmente, não para em emprego algum, frequentemente não se estabiliza na relação afetiva, dificilmente encontra sua vocação profissional, raramente cultiva amizades sólidas, vive trocando de carro, roupas e pessoas.

Invejamos a posição de muitas pessoas, esquecendo que muitas outras invejam a nossa condição profissional, financeira, familiar e afetiva. Temos a vida que eles pediram a Deus.

É muito bom ter metas, aspirações, almejar o progresso. Mas, tudo isso não pode se tornar uma obsessão em nossa vida, a ponto de impedir a nossa felicidade hoje e agora, e o desfrute de tudo aquilo que Deus nos deu, e que muitos rezam para obterem.

Vamos arrancar o espinho da insatisfação?

DOENÇAS DA IDEIA

Vocês não desconhecem que quase todas as moléstias rotineiras são doenças da idéia, centralizadas em coagulações de impulsos mentais, e somente idéias renovadoras representam remédio decisivo.

Calderaro [98]

Chico Xavier recebeu do mundo espiritual a lição que ensina que quase todas as enfermidades mais comuns são doenças da ideia, ou seja, doenças originadas de nossos pensamentos.

Dados científicos registram que uma pessoa comum tem em média 60 mil pensamentos por dia, e que desse total 80% correspondem a pensamentos negativos.

---

[98] XAVIER, Francisco Cândido. *Instruções Psicofônicas*. FEB.

A enfermidade que hoje nos acomete teve origem em um pensamento enfermo.

Alguns pensamentos que cultivamos são pensamentos venenosos, que produzem descargas químicas, altamente, prejudiciais à nossa corrente sanguínea, adoecendo o corpo físico.

Os pensamentos contínuos de ódio, inveja, medo, tristeza e outros tantos pensamentos negativos são bombas dinamitando a nossa saúde. Não vale à pena, por exemplo, ficar com raiva de alguém porque essa raiva agride primeiramente a nós mesmos.

De acordo com a orientação do Nobre Espírito Calderaro, somente as ideias renovadoras produzem os remédios necessários para a nossa cura. Fica para nós a reflexão a respeito de quais seriam as ideias novas que carecemos de incorporar em nosso cotidiano, a fim de que o laboratório de nossa mente coagule novos impulsos mentais em favor de nossa saúde e paz.

Curar é renovar-se. Pense no que você está precisando renovar em sua vida e comece seu processo de cura pelas ideias renovadoras – as que renovam você, que o deixam motivado, esperançoso, confiante e feliz.

Há um laboratório infinito em nossa mente. Somos deuses, como afirmou Jesus de Nazaré.

Você é o seu próprio remédio.

IMUNIZAÇÃO ESPIRITUAL

Nós devemos ser estações terminais de toda fofoca, porque a fofoca é hoje um instrumento interessante, até engraçado, mas a fofoca também mata, não é?

Chico Xavier [99]

Muitos procuram proteção espiritual para suas vidas, entretanto, inviabilizam qualquer tentativa de amparo divino, pois se tornaram veículos propagadores da maledicência.

Chico Xavier aconselha a nos tornarmos estações terminais da fofoca, isto é, não a espalharmos, o que geralmente não acontece. Amiúde nos tornamos estações multiplicadoras da maledicência, ignorando que o mal que difundimos deixa vestígios, primeiramente, em nosso próprio caminho.

---

[99] GALVES, Nena. *Até Sempre Chico Xavier*. CEU.

Pensemos na fofoca como uma onda de energias baixas e doentias, afetando, inicialmente, a estação retransmissora e depois alcançando o agente receptor, caso ele se encontre no mesmo padrão de ondas desequilibradas.

Quem não quer lixo em sua vida não deve produzi-lo.

Chico diz que a fofoca mata. Mata a honra da pessoa atacada, abrindo brechas para que amanhã também sejamos caluniados e feridos. Vale à pena refletir no conselho do Cristo: não façamos ao próximo o que não queremos para nós.

Isso é receita de felicidade e paz.

Fácil e difícil

Qualquer pessoa, de qualquer condição, pode fazer o que é fácil; entretanto, efetuar o que é difícil pede noção de responsabilidade e burilamento íntimo.

Albino Teixeira [100]

Quase todos buscam na vida o caminho das facilidades. Esforço e aprimoramento são itens dos quais quase todos nos distanciamos. Preferimos sempre o mais fácil, esquecendo que nem sempre o mais fácil nos leva ao progresso.

O que é fácil já está pronto, já foi feito.

É mais fácil não estudar, mas sempre será mais difícil progredir sem cultura.

---

[100] XAVIER, Francisco Cândido. *Caminho Espírita*. IDE.

É mais fácil executar tarefas que não exijam maiores responsabilidades de nossa parte, mas sempre será mais difícil que os outros notem nossas qualidades, quando permanecemos distantes do campo de lutas.

É mais fácil nos afastarmos das pessoas problemáticas, mas sempre será mais difícil encontrar o amor, apenas entre aqueles que nada exigem de nós.

Jesus, quando veio a Terra, não encontrou facilidades. Incompreensões, ofensas, solidão, traição e morte constituíram o conjunto dos grandes desafios que Ele venceu, utilizando a coragem de se entregar à própria cruz. Se o Mestre tivesse rejeitado o sacrifício, a coroa de espinhos, sua mensagem não teria se espraiado por todo o mundo.

Se você não transpuser os obstáculos de sua vida, enfrentando-os corajosamente, ninguém saberá o quão valoroso você é.

CUIDADO COM AS BRASAS

Não adianta o diabo assoprar onde não há brasas.

Chico Xavier [101]

Com muita sabedoria e delicadeza, Chico toca no tema das nossas inferioridades, das brasas interiores que servem de instrumento para a investida dos espíritos que não desejam a nossa felicidade.

Ninguém pode nos fazer mal, a não ser pelas portas do mal que encontrou em nós. Precisamos apagar as brasas íntimas a fim de que o fogo das influências negativas não se alastre em nosso caminho. A água apaga o incêndio. Jesus tem a fonte da água da nossa paz.

Se estivermos irritados, usemos a água da paciência.

Se nosso orgulho estiver ferido, usemos a água da humildade.

---

[101] GRISI, Romeu. SESTINI, Gerson. *Inesquecível Chico*. GEEM.

Se nosso coração estiver cheio de mágoas, usemos a água do perdão.

Se nossa mente estiver agitada, usemos a água da paz.

Talvez estejamos cansados de sofrer, exaustos por tantas guerras e conflitos, sedentos por uma vida nova. Como no passado, Jesus continua junto ao poço na Samaria oferecendo-nos a água de seu Evangelho.

Aceita um copo?

OBRA-PRIMA

Cada qual de nós, até que se integre na Grandeza Suprema, é uma obra-prima de inteligência em processo de habilitação na oficina da vida, a caminho da perfeição.

André Luiz [102]

A miúde temos uma visão distorcida a respeito de nosso valor e de nossas capacidades, enxergando-nos menos do que realmente somos. Você já reparou que os outros enxergam virtudes em nós que sequer nos damos conta? Parecem que estão falando de outra pessoa.

Conhecemos as chamadas "lentes de aumento", no entanto, nós nos vemos com "lentes de diminuição".

---

[102] XAVIER, Francisco Cândido. *Busca e Acharás*. IDEAL.

Essa visão diminuída acarreta vários problemas em nossa vida, pois costumamos nos comportar da mesma forma como nos vemos. Se me vejo como uma pessoa fraca, ajo como tal, por exemplo.

O médico André Luiz escreve como um oftalmologista. Quer corrigir nossa visão espiritual. Fala-nos que cada um de nós é obra-prima, isto é, a mais bela obra de um artista. Deus é o nosso artista, o nosso escultor, e nós somos a obra maravilhosa que Ele criou. Por não acreditarmos nessa verdade é que criamos muitos problemas em nosso caminho.

Pare, portanto, de se criticar, pare de enxergar tantos defeitos em si, pois acabará atraindo maiores dificuldades em seu caminho. Não tem nada de errado com você. Tudo é uma questão de não se enxergar como obra-prima de Deus. Ajuste, portanto, sua visão espiritual, sinta-se essa obra divina e caminhe confiante, exprimindo diariamente todos os seus talentos e capacidades.

Hoje é um bom dia para mudar de lentes.

CURA DA DEPRESSÃO

A depressão pede o remédio do trabalho; a pessoa triste necessita ser motivada para as pequeninas tarefas, tarefas que consiga executar.
Na depressão, o médico pode ajudar muito, mas se o deprimido não estiver disposto a se ajudar...
Quem sofre de depressão deve fugir da cama, do sofá...

Chico Xavier [103]

Chico Xavier nos traz uma receita espiritual para a cura da depressão, enfermidade que a cada dia vem se alastrando em todo o mundo. Sem desprezar o concurso da medicina, Chico fala da importância do trabalho para o deprimido. Comenta a

---

[103] BACCELLI, Carlos. *O Evangelho de Chico Xavier*. DIDIER.

respeito do perigo da ociosidade, da inércia, da inatividade, do excesso de cama e sofá.

Muitas depressões estão ligadas à nossa rebeldia frente às portas que a vida fechou para nós. Esquecemos de que as portas fechadas nos conduziriam aos mesmos desequilíbrios do passado.

A rebeldia pode nos levar ao desencanto pela vida, como a criança que não quer mais brincar porque foi contrariada em algum interesse. O deprimido não está mais vendo graça na vida e por isso não tem mais gosto pelas coisas, porque foi contrariado em algum ponto de seus interesses.

Por essa razão, entendemos as advertências do médium a respeito do perigo em manter o deprimido na ociosidade, pois isso alimentará ainda mais seu desgosto pela vida.

O trabalho interrompe o circuito depressivo, pois interfere na cadeia dos pensamentos doentios que geram e alimentam a própria depressão.

Quando fala em trabalho, Chico se refere à necessidade de movimento. A cura é um movimento. E o movimento que geralmente se pede ao depressivo é o movimento de sair das valas de sua grande inconformação interior.

O depressivo precisa sair da faixa da tristeza e encontrar algo, por mais insignificante que lhe pareça, mas que lhe dê alguma motivação, que lhe ensine, trabalhando, a reinterpretar o mal sucedido e a reagir de maneira saudável, frente aos reveses que a vida lhe trouxe.

Nunca se viu alguém morrer por trabalhar. Mas, não há dúvida de que a falta de trabalho ou de alguma ocupação útil nos leva mais depressa para a desencarnação. É no espírito do trabalho que o homem encontrará forças para se curar, pois o serviço pode cansar o corpo, mas descansa a alma do tédio e da rebeldia. É nesse sentido que Chico Xavier recebeu do mundo espiritual a seguinte trova do poeta Cristóvão Barreto:

Para as tristezas da vida,
Trabalho é o grande remédio.
Quem com tédio mata o tempo,
O tempo mata de tédio. [104]

---

[104] XAVIER, Francisco Cândido. *Trovadores do Além*. FEB.

Nosso curriculum espiritual

Aqui, na Vida Espiritual, não se vos perguntará quanto aos títulos que usastes, nessa ou naquela esfera de atividade humana e sim sereis inquiridos quanto às dores que atenuastes, às lágrimas que suprimistes!

Bezerra de Menezes [105]

Os critérios de avaliação de nosso sucesso espiritual diferem muito daqueles usados no mundo terreno. Nem sempre os motivos que nos levam a receber as honrarias na Terra justificariam destaques na vida espiritual.

Chico Xavier retransmite, por meio do além, quais as verdadeiras conquistas que deverão constar de nosso currículo espiritual, uma vez que elas garantirão a paz

---

[105] XAVIER, Francisco Cândido. *Bezerra, Chico e Você.* GEEM.

diante da própria consciência, da consciência que estará mais lúcida quando regressarmos ao mundo espiritual. E esse dia ninguém sabe quando será.

Vamos aproveitar a oportunidade que hoje desfrutamos para enriquecer nosso currículo espiritual com experiências de amor ao próximo, atenuando a dor de quem sofre o abandono, secando as lágrimas dos que choram na multidão, alimentando os que apenas pedem um simples pedaço de pão.

Assim fazendo, tão logo feche as páginas deste livro, pois que neste exato momento alguém, em algum lugar, está derramando lágrimas de desespero, você encontrará um tesouro de bênçãos em seu próprio caminho, tornando-se, desde agora, um valoroso trabalhador da equipe de Jesus. Certamente, esse é o maior galardão que um homem pode aspirar na Terra.

Que tal começarmos orando com Bezerra de Menezes?

Senhor!

Ensina-nos a trabalhar mais, produzindo mais, e a produzir mais, a fim de conquistarmos recursos maiores, para distribuir o auxílio sempre mais amplo de Tua Misericórdia.

E ensina-nos, Senhor, a descansar menos, pedindo menos, e a pedir menos, a fim de pesarmos menos em nossos semelhantes, para exigir menos, de modo a nos sentirmos menos fracos para servir em Tua Bondade.

Senhor!

Tanto quanto nos seja possível receber, concede-nos mais trabalho para sermos mais úteis e que sejamos, sempre menos e menos nós, diante de Ti, a fim de que estejas mais em nós, hoje e sempre.

Assim seja. [106]

---

[106] Mensagem constante do livro *A Ponte, diálogos com Chico Xavier*, Fernando Worm, LAKE.

FILHOS-PROBLEMA

Filhos-problema são os espíritos que desencaminhamos no passado; para que retornem às diretrizes do Bem, necessitam de recuperar a confiança em nós, e isto, às vezes, leva a existência inteira...

Chico Xavier [107]

Quando, em um momento de esgotamento de nossas forças, formos reclamar dos filhos que nos causam dores e preocupações, angústias e padecimentos, recordemos esse ensinamento de Chico Xavier esclarecendo-nos que os filhos-problema são os espíritos que nós desencaminhamos no passado.

São almas de outras experiências, a quem prejudicamos, traindo, roubando, iludindo, e que hoje estão

---

[107] BACCELLI, Carlos. *Orações de Chico Xavier.* LEEP.

ao nosso lado para a devida reconciliação. É o ensejo que temos para mostrar a elas que não somos mais os mesmos de outrora, ajudando-as a reencontrarem o bom caminho. E faremos isso dando a elas o que no passado negamos.

Mas como orientou Chico Xavier, geralmente esses filhos difíceis guardam certa desconfiança de nós, porque, embora não se lembrem do que aconteceu em vidas passadas, sentem que, de alguma forma, causamos a eles dissabores e temem que isso volte a acontecer.

Portanto, no trato com essas almas feridas, precisamos ter muita paciência, perseverança e dedicação constante, pois recuperar a confiança delas pode ser o trabalho de uma vida toda. Mas compensa.

Compensa transformar o filho-problema em filho-amigo. Compensa qualquer esforço, e saber que um dia conseguiremos retirar o filho do abismo, do abismo que nós mesmos empurramos pela falta de nosso amor. Por isso, só o amor os trará de volta ao aconchego de nosso coração.

ENTREGA A DEUS E CAMINHA

Nos dias de provação, é justo chores e sofras, mas não te interrompas na obrigação a cumprir para lamentos em torno de ocorrências que não podes remediar. Entrega a Deus os problemas que se te façam insolúveis, trabalha e caminha adiante.

Emmanuel [108]

A lição espiritual nos apresenta seguro roteiro para que as adversidades não interrompam o cumprimento de nossas tarefas perante a vida.

A proposta psicológica de Emmanuel é para que entreguemos a Deus os problemas que nos pareçam insolúveis. Muitos se debatem em aflições inúteis e dolorosas, exatamente, por tentarem resolver dificuldades,

---

[108] XAVIER, Francisco Cândido. *Pronto-Socorro*. CEU.

cujas soluções estão fora do alcance de suas mãos. Lutam em vão. Sofrem também.

A orientação espiritual nos propõe entregar a Deus as pedras que não conseguimos retirar de nosso caminho. Façamos isso tal como entregássemos a um chefe mais habilitado a resolução de um problema profissional que nos parece sem solução. Repassado o problema, nós ficamos tranquilos porque sabemos que nosso superior está em condições de encontrar a chave da resolução.

Com Deus também é assim. Ele tem a chave de tudo, porque é a Causa Criadora de tudo. Portanto, entreguemos a Deus o que está acima de nossas forças, e fiquemos serenos, pois sabemos que o Pai tudo sabe, tudo pode. Para Deus não existe a palavra 'impossível'.

Coloquemos os problemas insolúveis nos braços de Deus, mas continuemos trabalhando e fazendo o nosso melhor para que, quando a solução de Deus chegar, não estejamos de braços cruzados com outros tantos problemas, que a inércia e o comodismo não souberam evitar.

Nestes minutos de reflexão, coloco em sua mente, tal como se estivesse colocando um poderoso remédio em sua boca, a palavra de luz da Benfeitora Espiritual Meimei, recebida por Chico Xavier. Utilize-a no princípio de cada dia ou no início de cada tarefa, como um poderoso remédio para renovar sua confiança:

Quando fatigado, seja Deus teu descanso.
Quando aflito, seja Deus teu consolo.
Quando supostamente derrotado, seja Deus teu arrimo.
Quando em desalento, seja Deus tua fé. [109]

---

[109] XAVIER, Francisco Cândido. *Vozes do Grande Além*. FEB.

Doenças protetoras

Muitas vezes temos conosco determinados tipos de moléstias, que nós mesmos pedimos, antes da nossa reencarnação, para que nossos impulsos negativos ou destrutivos sejam treinados.

Chico Xavier [110]

A sabedoria de Chico abre as cortinas do mundo espiritual para nos esclarecer que algumas doenças, que hoje nos dificultam a jornada, foram solicitadas por nós mesmos antes desta encarnação. E tal solicitação foi feita para que, com o auxílio da enfermidade, pudéssemos controlar nossos impulsos negativos ou destrutivos.

A doença nos intima ao exercício de um maior controle sobre nós mesmos, controle este que muitas vezes nos faltaria se gozássemos de plena saúde.

---

[110] ARANTES, Hércio Marcos. *Chico Xavier, Encontros no Tempo*. IDE.

A pessoa com tendência ao uso excessivo de bebidas alcoólicas pode solicitar, antes de renascer, algumas desordens hepáticas que lhe servirão de freio ao uso de alcoólicos.

Algumas limitações de ordem sexual podem ter sido, por nós solicitadas, a fim de que não caíssemos em novos desvios da impulsividade.

O espírito sabe, antes de reencarnar, que não poderá gozar de inteira liberdade na matéria, porque ainda não está, suficientemente, maduro para frear impulsos infelizes. Por isso, clama por renascer com certas enfermidades que, na verdade, ser-lhe-ão grandes benfeitoras para que não volte a cair no mesmo precipício de vícios e loucuras.

Por tal razão, essas doenças, geralmente, são fisicamente incuráveis, porque, em essência, elas se destinam antes a curar a nós mesmos dos abusos da irreflexão. Diante das doenças escolhidas, pratiquemos a aceitação e a serenidade, não exigindo uma cura que, se a tivermos, será para nós verdadeira ruína.

Antes de solicitarmos a Deus a cura para nossas doenças, façamos uma análise sincera e verifiquemos se, uma vez libertos da enfermidade, que tipo de comportamento nós passaríamos a ter gozando de plena saúde.

Somente quando estivermos, suficientemente, maduros espiritualmente a cura ser-nos-á possível, pois já poderemos viver, equilibradamente, sem a proteção que a enfermidade muitas vezes nos concede.

Profilaxia contra a tristeza

Novo dia, nova esperança. Este deve ser um pensamento diário em nossa cabeça e um sentimento ativo em nosso coração. Tudo, pois, vai correndo bem, a caminho do melhor. Não asilemos nem o sinal de tristeza, porque a tristeza é uma noite longa na habitação de nosso espírito.

Neio Lucio [111]

A Espiritualidade Superior, por meio de Chico Xavier, oferece-nos uma espécie de mantra contra a tristeza que as desventuras nos causam: ***novo dia, nova esperança***. Esse pensamento sugerido por Neio Lúcio deve envolver fortemente nossa mente e nosso coração. Acreditar e sentir a esperança que nasce a cada novo dia.

---

[111] XAVIER, Francisco Cândido. "Sementeira de Luz" in *Vinha de Luz*.

Pela manhã, ao despertarmos, vamos nos fixar nessa ideia, repetindo-a em voz alta e sentindo a esperança tomar conta de nossa alma. Repetir para si mesmo, como sugere o Benfeitor: **tudo vai correndo bem, a caminho do melhor**. Fundamental também que sintamos cada palavra dessa afirmação, pois ela somente nos trará benefícios se acreditarmos no que estamos afirmando com os lábios.

Quando as dificuldades se insinuarem em nosso caminho, utilizemos também, a qualquer hora do dia, o *novo dia, a nova esperança*, assim como o *tudo vai correndo bem, a caminho do melhor*, como poderosos antibióticos destinados a combaterem a infecção denominada tristeza e desânimo. Que tal uma dose agora mesmo?

O QUE SERIA DE NÓS...

Fala-se muito a respeito do aborto, mas eu penso em minha mãe, que me esperou em uma gravidez repleta de doenças, como aconteceu em meu nascimento. Se ela estivesse decidida a me expulsar do seu próprio seio através do aborto, eu não sei o que seria de mim.

Chico Xavier [112]

Ao ler este relato de Chico Xavier, fiquei a pensar no que seria de nós se sua mãe tivesse se decidido pelo aborto.

Não conheceríamos o maior médium de todos os tempos. Não teríamos tido contato com um dos seres mais evangelizados que já pisou no planeta Terra depois de Jesus. Não teríamos acesso a centenas de revelações

---

[112] GALVES, Nena. *Até sempre Chico Xavier*. CEU.

espirituais que suas mais de quatrocentas obras têm apresentado. Não seríamos tocados por tantos gestos de amor que brotaram de seu formoso coração. A minha e a vida de milhares de pessoas não seriam as mesmas.

Louvemos D. Maria João de Deus, mãe de Chico Xavier, que enfrentando inúmeras dificuldades orgânicas e financeiras, confiou na providência divina e levou a gestação até o fim, em uma época em que os recursos médicos, praticamente, inexistiam no desconhecido vilarejo de Pedro Leopoldo, interior de Minas Gerais.

Chico contou que, ainda pequeno, sua mãe lhe ensinara uma canção para os momentos de dificuldades: *Eu vivo contente feliz a cantar, em paz e alegria é o meu caminhar, não tenho problemas não tenho aflições, pois tenho Jesus no meu coração.*

A letra simples é um hino de esperança, alegria e otimismo. Por certo, D. Maria a cantou quando estava grávida de Chico. Quem dera todas as mãezinhas inclinadas ao aborto, não terapêutico, pudessem também cantá-la para que o mundo recebesse outros tantos Chicos...

HORA DE AVANÇAR

Deus não nos confiaria problemas, se os nossos problemas não nos fossem necessários. Todo tempo de aflição é tempo de passo acima. De nós depende permanecer acomodados à sombra ou avançar, valorosamente, para a obtenção de mais luz.

Emmanuel [113]

Por que um problema seria necessário em nossa vida? Porque o problema nos convida a sair do lugar, chama-nos para a utilização de capacidades adormecidas pela nossa acomodação, pede-nos para ver uma determinada situação de outra maneira.

A hora da dificuldade é a hora do passo acima, isto é, a hora de avançar, crescer, modificar algo em

---

[113] XAVIER, Francisco Cândido. *Alma e Coração.* PENSAMENTO.

nossa vida. Ninguém dá um passo adiante se não tirar o pé do chão.

Em cada problema há uma lição a ser aprendida. A revolta impede que nossos olhos enxerguem o aprendizado necessário, porque o revoltado em regra se coloca na posição de vítima, e a vítima não acredita em sua responsabilidade pelo problema que está enfrentando. A culpa é sempre dos outros. Responsabilidade é para quem deseja crescer, e tem humildade para reconhecer que precisa mudar.

Se a dificuldade nos visita, saibamos que chegou a hora da promoção, a hora de avançar utilizando as ferramentas da humildade e da responsabilidade. Sem elas, ficaremos acomodados no chão da 'vitimização', sofrendo desnecessariamente.

Vamos tirar o pé do chão?

Felicidade Conjugal

Concede Senhor, aos nossos queridos amigos e cônjuges desta hora, a compreensão sublime da união familiar. Que as dificuldades de um possam ser partilhadas pelo outro, que as alegrias do outro possam ser as alegrias do outro coração.

Chico Xavier [114]

Essa oração, proferida por Chico Xavier, é uma receita infalível para a felicidade conjugal, receita esta que nos chega hoje para reavaliação de nossa conduta, perante aqueles que se uniram a nós pelos laços do coração.

O iluminado médium roga a Deus para que cada um dos cônjuges compartilhe as dificuldades do outro,

---

[114] SILVEIRA, Adelino. *Chico. De Francisco.* CEU.

ou melhor, seja solidário com a dor de seu companheiro, estendendo-lhe compreensão e auxílio. O companheiro em dificuldades precisa de proteção e não de agressividade, carece de amor e não de desprezo.

Interesse-se pela dor de seu cônjuge, ofereça a ele o seu ombro, carregue com ele a cruz dos obstáculos, e com isso, mais fortes se farão os laços de amor entre vocês. Isso é companheirismo.

Geralmente, as pessoas se preocupam com a divisão dos bens no momento da separação, e, no entanto, Chico nos ensina a dividirmos a dor de nosso companheiro a fim de evitarmos a separação.

E quando o cônjuge estiver feliz, vamos também nos alegrar com a felicidade dele.

Muitas uniões fracassam por causa da inveja que existe entre os cônjuges, gerando rivalidades e disputas injustificáveis, e que somente fazem aumentar a distância entre um e outro.

Não vibrar de contentamento com o sucesso de nosso parceiro pode ser um banho de água muito fria na relação. E esse banho ninguém gosta de tomar por muito tempo.

Que tal esquentar a relação com uma água bem quentinha de alegria e aconchego?

CONFIA NO PODER DE DEUS

A confiança no Poder Divino é a base do júbilo cristão, que jamais deveremos perder.

Venerável Asclépios [115]

Quando as tormentas se agigantarem em nosso caminho, quando os sofrimentos parecerem insuportáveis, restabeleçamos, em regime de urgência, nossa confiança irrestrita no poder de Deus. Não se julgue abandonado pela sorte; Deus é seu Pai e Ele o tem sob suas vistas vinte e quatro horas por dia. Não pense que Deus se omite; seu Pai espera o momento certo para agir. Não acredite que exista algum poder superior a Deus; sendo Ele onipotente, único, soberano, ninguém possui poder igual ou superior ao próprio Criador.

---

[115] XAVIER, Francisco Cândido. *Obreiros da Vida Eterna*. FEB.

A confiança no Poder Divino gera segurança íntima, produz alegria e afasta o medo.

Não bloqueie o socorro que Deus tem para você com a incredulidade ou a revolta, tampouco queira ensinar o que Ele deve fazer. Tenha certeza de que seu Pai sabe o que é melhor para você. Confiar em Deus é entregar-se a Ele, e não querer conduzi-Lo, como se isso fosse possível.

Deus é justo e soberanamente bom, portanto, tudo o que nos acontece concorre para o nosso próprio bem, ainda que isso não nos seja visível em um primeiro momento.

Pare de lutar desesperadamente, faça a sua parte, sim, mas dê uma chance a Deus.

Nossos excessos...

Jesus diz: o pão nosso de cada dia...
Por que acumular tanto? Existem pessoas que
possuem trinta e cinco pares de sapato, onde é que
irão arrumar setenta pés? Estamos sofrendo mais
por excesso de conforto do que excesso de desconforto.
Morre muito mais gente de tanto comer e de tanto
beber, do que por falta de comida...

Chico Xavier [116]

Chico lembra a oração do Pai Nosso. Jesus nos ensina a orar a Deus pedindo apenas o pão de cada dia. Esquecidos deste precioso conselho psicológico, que tantos benefícios nos trariam, nós vivemos aflitos pelo medo de não termos o suficiente

---

[116] SILVEIRA, Adelino. *Chico. De Francisco.* CEU.

para o amanhã, e assim acumulamos, demasiadamente, bens que não têm real utilidade para hoje.

Que faremos com trinta e cinco pares de sapato, indaga Chico?

Que faremos com tantos ternos, gravatas, vestidos, calças, perfumes e relógios?

Que faremos com tantas televisões em nossa casa, com tantos telefones, computadores, carros, celulares? Isolar os familiares uns dos outros?

Já reparou como parecemos desorientados quando ficamos sem o aparelho celular?

Antigamente, uma carta pelo correio demorava semanas para chegar ao seu destino. Hoje nos irritamos porque o computador está lento e o nosso e-mail vai demorar alguns segundos a mais para ser enviado.

Certamente, Chico Xavier não está se referindo ao homem previdente, mas sim ao ganancioso, ao que está se perdendo nos excessos de conforto, esquecendo-se de que o melhor da vida não é o destino para onde nos dirigimos, mas a maneira como viajamos.

E quanto mais simples for a viagem, mais poderemos desfrutar das belezas de cada estação, sem tanto excesso na bagagem.

NOSSAS PRECES SÃO OUVIDAS

Nossa especialidade é examinar as preces dos seres terrenos, acudindo às casas de oração ou a qualquer lugar onde há um espírito que pede e que sofre. As rogativas de cada um, então, são anotadas e examinadas por nós, procurando estabelecer a natureza da prece, os seus méritos e deméritos, sua elevação ou inferioridade para podermos determinar os socorros necessários.

Maria João de Deus [117]

Os emissários de Jesus se organizam em muitas equipes de socorro a todos os que se acham na experiência física. Dentre as múltiplas equipes, D. Maria João de Deus, mãe de Chico Xavier

---

[117] XAVIER, Francisco Cândido. *Cartas de uma Morta, Maria João de Deus*. LAKE.

na última encarnação, destaca a de recepção de nossas preces por parte das equipes espirituais socorristas. Todas as nossas orações chegam ao conhecimento das entidades espirituais superiores, e são anotadas para as providências cabíveis.

Não é correto, portanto, afirmar-se que "Deus não escuta nossas preces", como se costuma dizer quando nossos desejos não são atendidos. O que ocorre é que nossas súplicas são analisadas pelos Espíritos de Luz, tal como o faz um gerente de banco ao analisar nossa ficha patrimonial quando solicitamos um empréstimo.

Será que aquilo que pedimos representará de fato um bem para nós?

Será que a nossa solicitação não implicará danos para o próximo?

Será que temos algum mérito para solicitar ao Alto essa ou aquela providência?

Será que temos nos empenhado em fazer a parte que nos cabe, na solução de um determinado problema, ou estamos esperando que Deus resolva tudo por nós?

Mesmo quando Deus diz não aos nossos pedidos, Ele sempre nos envia a coragem e a inspiração para encontrarmos os rumos de libertação de nossas dores.

Ninguém, ao falar com Deus, sai desse diálogo de mãos abanando. Sempre receberemos o que for preciso para o nosso progresso. O que Deus não nos dá, provavelmente nós não precisamos ou, então, temos condições de conquistar com a prece do esforço próprio.

Nosso passaporte

Dentro da visão espírita-cristã, céu, inferno e purgatório começam dentro de nós mesmos. A alegria do bem praticado é o alicerce do céu. A má intenção é um piso para o purgatório e o mal devidamente efetuado, positivado, já é o remorso que é o princípio do inferno.

Chico Xavier [118]

Comumente se fala que, ao desencarnarmos, desejamos ir para o céu e não passarmos nem 'raspando' pelo inferno.

Chico Xavier, com sua visão mediúnica, capaz de descortinar a realidade que nos aguarda além da morte, esclarece que, na verdade, céu, inferno e purgatório principiam dentro de nós mesmos.

---

[118] *Chico Xavier, entender conversando*, IDE.

A nossa condição interior, fruto da somatória de nossos atos, pensamentos e palavras, é que se constituirá no passaporte que nos conduzirá às regiões de luz ou às regiões de dor e sofrimento. Se eu fiz o bem em meu caminho, esse mesmo bem carimba meu passaporte de acesso às moradas felizes. Por isso, a explicação de Chico, quanto à alegria do bem praticado, ser o alicerce do céu.

Se, todavia, a maioria de minhas condutas se inclinou para a negatividade no pensar, no falar e no agir, acabei mudando a rota do avião que poderia me levar ao céu, e que agora terá de fazer um pouso forçado nas regiões de sofrimento, aonde transitam os que se omitiram no bem que poderiam ter feito.

Mesmo assim, ninguém precisa esperar pela morte para saber se entrará no céu ou se estagiará nas regiões de dor. Hoje mesmo já estamos vivenciando essa experiência, sentindo, desde agora, as alegrias da luz ou as tristezas das trevas.

Como o nosso avião ainda não partiu, ainda dá tempo de mudar a rota do destino, não é mesmo? O bem está ao nosso alcance, agora mesmo.

NÃO AO SUICÍDIO

Suicídio, não pense nisso, nem mesmo de brincadeira...
Um ato desses resulta na dor de uma vida inteira.
Tolera com paciência qualquer problema ou pesar.
Não adianta morrer, adianta é se melhorar.

Cornélio Pires [119]

Chico Xavier recebe do mundo espiritual esclarecedora mensagem do poeta caipira Cornélio Pires, da cidade paulista de Tietê, a respeito do suicídio.

Somos advertidos pelos que estão do outro lado da vida que o suicídio é algo que, nem de brincadeira, deveríamos pensar. Os Guias de Luz sabem que o suicídio, além de não resolver nossas amarguras, agrega,

---

[119] XAVIER, Francisco Cândido. *Astronautas do Além*. Comentários de Herculano J. Pires. GEEM.

em nosso caminho, novos e doloridos espinhos, para nós e para os que conosco convivem.

É uma grande mentira afirmar que alguém pode colocar fim à própria vida. O espírito é imortal. A vida é eterna, o espírito viverá para sempre, pouco importando se no mundo terreno ou se no mundo espiritual.

Ao que o suicídio põe fim é à vida biológica, sem que a desencarnação signifique o fim da consciência.

O suicida desperta no mundo astral com a noção do que se passa consigo. Ele acompanha todo o drama de sua vida material, com o agravante de constatar que nada mais poderá fazer para solucionar as dificuldades que foram deixadas à resolução de amigos e parentes.

Não sinta vergonha de suas quedas e dificuldades. Todos nós tropeçamos nas pedras da vida. Importa levantar e seguir adiante, porque somente caminhando é que conseguiremos deixar para trás os problemas, aparentemente, insolúveis.

Muitas vezes, apenas o tempo conseguirá solucionar pendências que estão além de nossas possibilidades de agora. O relógio somente tem serventia se os ponteiros continuarem avançando na linha do tempo.

Por isso, vale à pena refletir no conselho do poeta: *tolera com paciência qualquer problema ou pesar, não adianta morrer, adianta é se melhorar.*

FONTE DA FELICIDADE

Dizem os amigos espirituais que a iniciação da verdadeira felicidade está em fazer os outros felizes. Ao doar alegria e paz, bom ânimo e segurança ao próximo, encontraremos a fonte de energia que nos fará constantemente motivados para a sustentação da felicidade para nós mesmos.

Chico Xavier [120]

Quem não está à procura da fonte da felicidade? Muitos fariam qualquer coisa para encontrá-la. Chico Xavier nos apresenta o mapa onde se localiza essa bendita fonte inesgotável. A fonte localiza-se em uma rua muito simples, de fácil acesso, mas pouco procurada. A felicidade mora na Rua da Caridade.

---

[120] *Chico Xavier, Mandato de Amor*, UEM.

E ninguém precisa ter o bolso cheio de moedas para encontrá-la. Basta que seja benevolente com seu próximo, compreensivo para com as fraquezas alheias, misericordioso.

Para encontrar a felicidade é preciso doar algo de nós mesmos. Doar um pouco de paciência para as pessoas que nos são difíceis, ofertar um pouco de alegria para os tristes, emprestar nossos ouvidos para os que vivem na solidão, perdoar os que nos ofendem.

Chico explica que, ao fazermos os outros felizes, encontraremos uma fonte de energias que sustentará a nossa própria felicidade.

Hoje, a neurociência comprova essa tese, pois os cientistas descobriram que nosso cérebro trabalha com um sistema de recompensa que é ativado quando fazemos o bem ao próximo. Diz a Dra. Suzana Herculano-Houzel, doutora em neurociências pela Universidade de Paris, que o bem que fazemos aos outros retorna ao nosso cérebro quando vemos o resultado estampado no rosto alheio. Fazer o bem dá prazer, conclui a Dra. Suzana.[121]

Os infelizes que cruzam o nosso caminho são as chaves que Deus colocou em nossas mãos para que encontrássemos o tesouro da felicidade. Não os despreze, não os rejeite, porque fazer isso será rejeitar e desprezar a fonte de sua felicidade.

---

[121] *Pílulas de Neurociência*, SEXTANTE.

PRESERVE-SE

Diante dos próprios conflitos, não tente beber ou dopar-se, buscando fugir da própria mente, porque de toda ausência indébita você voltará aos estragos ou necessidades que haja criado no mundo íntimo, a fim de saná-los.

André Luiz [122]

Não raro, diante das pressões emocionais que sentimos por decorrência dos problemas que nos perturbam a paz, procuramos alívio na bebida alcoólica ou nas drogas. André Luiz, médico espiritual, afirma que essa fuga é capaz de gerar maiores estragos em nossa jornada, que seremos obrigados a sanar, a peso de maiores sofrimentos.

É preciso pensar na relação custo/benefício.

---

[122] XAVIER, Francisco Cândido. *Coragem*. CEC.

O aparente benefício que o álcool e a droga oferecem, anestesiando por alguns minutos a nossa mente triste e aflita, não compensam os graves malefícios físico-espirituais que acarretam. Sempre voltaremos com maior soma de perturbação depois que cessarem os efeitos químicos da bebida e dos entorpecentes. Além do mais, muito frequentemente a pessoa drogada ou alcoolizada faz coisas que, em sã consciência, jamais realizaria, arrependendo-se amargamente de seus desatinos, e às vezes pelo resto de sua vida.

Melhor será buscarmos alívio em fontes seguras. A oração acalma o coração, asserena a mente, produz benefícios físicos, pois relaxa as tensões, e ainda nos possibilita a inspiração divina para a superação de nossas dores.

A leitura de obras de elevado cunho espiritual abre as janelas da mente e abastece o espírito de ideias renovadoras, alterando-se o psiquismo para melhor.

O trabalho de auxílio ao próximo nos liga às correntes divinas do amor, de onde vamos haurir as energias necessárias ao equacionamento de nossas dificuldades.

Recordemos o convite de Jesus: *Venham a mim, todos vocês que estão cansados de carregar as suas pesadas cargas, e eu lhes darei descanso.* [123]

---

[123] Mateus, 11:28, *Bíblia Sagrada, Nova Tradução na Linguagem de Hoje.* PAULINAS.

Encontraremos Jesus na oração, na meditação das verdades divinas e no trabalho de amor ao próximo. Se tudo isso fizermos, seremos levados pelo Mestre ao céu da serenidade, e já não mais precisaremos nos afundar no inferno das drogas e do álcool.

DE BRAÇOS DADOS COM CHICO XAVIER

Não, minha irmã – respondeu – está tudo bem...
É que o patrono espiritual da Colônia recebe-nos
à porta, afirmando que hoje abraçará e beijará
conosco a todos os infelizes companheiros
internados nesta casa...

Chico Xavier [124]

A lição é comovedora e me leva às lágrimas; as mesmas lágrimas que Chico derramou quando se aproximou do portão de entrada da Colônia Santa Marta, em Goiânia, em uma de suas habituais visitas àquele leprosário.

A amiga que acompanhava Chico lhe percebe a emoção. Preocupada, pergunta-lhe o motivo das

---

[124] BACCELLI, Carlos. *Chico Xavier, Mediunidade e Coração.* IDEAL.

lágrimas e o médium esclarece que o Patrono Espiritual da instituição estava recebendo a comitiva de Chico, informando que desejava abraçar e beijar a todos os infelizes companheiros internados na casa.

E quem seria essa entidade espiritual que recebeu Chico à porta da Colônia? Visivelmente emocionado, o médium revela que o Patrono Espiritual que ali se encontrava, em gesto tão nobre de amor cristão, era nada mais, nada menos do que o Venerável Francisco de Assis. Talvez entendamos porque Chico chorava...

O *pobrezinho* de Assis desejando abraçar e beijar os leprosos de Goiânia pelos abraços e beijos de Chico Xavier. Naquele momento, Chico se transformaria em médium do amor de Francisco. O Chico Xavier sendo envolvido pelo Chico Bernardone. O Chico de Uberaba médium do Chico de Assis. Cada enfermo recebia, em um só gesto, dois abraços e dois beijos, pelos fios invisíveis da caridade.

Eu fiquei a pensar em quantas vezes desejei ter um encontro com Francisco de Assis. Um simples olhar me bastaria. Sempre achei impossível esse encontro, pois há uma distância incalculável entre nós. Chico Xavier, no entanto, mostrou-me que isso não me seria tão difícil assim, pois quem ama não vive isolado em regiões espirituais paradisíacas. Quem ama desce às regiões de sofrimento, buscando lenir as dores dos que atravessam o mar revolto de problemas. Arriscaria dizer que talvez seja mais fácil encontrar Jesus na Terra do que no céu. Foi o próprio Jesus quem disse: *Pois eu estava com fome, e vocês me deram comida; estava com sede, e me deram água. Era estrangeiro, e me receberam na sua casa. Estava sem roupa, e me vestiram. Estava doente, e cuidaram de mim. Estava na cadeia, e foram me visitar.*

......

Quando vocês fizeram isso ao mais humilde dos meus irmãos, foi a mim que fizeram. [125]

Chico Xavier não encontrou o Santo de Assis nos Planos Espirituais Superiores, nem tão pouco nos templos, ou nas escolas teológicas. Ele foi visto por Chico na porta de um leprosário. Francisco queria entrar, abraçar e beijar corpos feridos e almas rejeitadas pela doença do preconceito.

Se isso ocorreu a Chico, também poderá ocorrer conosco.

Jesus nos espera nos locais aonde a felicidade foi embora e a dor fez morada. O Mestre está nos hospitais, na porta dos presídios, nos prostíbulos, nas casas simples onde falta o pão e nas casas suntuosas onde falta o amor e o entendimento.

---

[125] Mateus 25, 34-40, *Bíblia Sagrada, Nova Tradução na Linguagem de Hoje*. PAULINAS.

Sabemos onde encontrar Jesus. Sabemos agora como poderemos ser abraçados pelo Mestre de nossas vidas. Poderemos estar com Ele ainda hoje. Basta querermos. Ele nos espera para, por meio de nossos braços, ele abraçar alguém que lhe pede socorro.

Jesus nos aguarda para que, pela nossa boca, Ele possa dizer alguma palavra de esperança a quem está a um passo do suicídio.

O Mestre se encontra na noite fria esperando que cheguemos com alguma coberta para que Ele aqueça um irmão tremendo de frio. Jesus anseia pela nossa presença diante de uma criança miserável e enferma, a fim de que Ele possa ministrar-lhe o mesmo remédio que nos apressamos em dar aos nossos filhos.

Chico Xavier encontrou Jesus muitas vezes.

Nós também poderemos encontrá-lo.

Espero que este livro lhe seja um caminho. E que você o percorra para encontrar Jesus de braços dados com Chico Xavier.

Eu também irei.